English Numbers

英語の数字ルールブック

数の読み方と使い方の基本がわかる

北浦尚彦　江藤友佳
Naohiko Kitaura　Yuka Eto

クロスメディア・ランゲージ

はじめに

何気ない日常の会話、旅先で交わされる会話、さらにはビジネス会話には「日時・個数・回数・番号・金額」など様々な数字情報や数量表現が登場します。これに対し、「数字が聞き取れない・さっと口に出せない」経験を持つ人は少なくないでしょう。本書ではこの数字にスポットを当てて、英語によるあらゆる数字表現を使いこなせるようになることを目指します。

そのためには、まずは数字の使い方のルールを理解し、数字をしっかり音声で発信できる力をつけることが重要です。コラムでは、文章における英語の数字表現の書き方や読み方などについても紹介しますので、英字新聞を読んだり、TOEICなどのテスト対策を行ったりする際に役立つ情報がきっとあるはずです。概念を理解できたら次は実践練習が重要。そのため、本書は数字をしっかり音声で発信できる力をつけることに重点を置いています。

本書を手に取ってくださった方の中には、英数字に苦手意識があるという方も多くいらっしゃると思います。実は、大きな数字や電話番号など、いくつもの数字が並んだものを読み上げるのは、英語ネイティブにとっても簡単なことではありません。本書の音声収録でも、プロの英語ネイティブのナレーターさんたちが大変な思いをしながらナレーションに臨んでくださいました。

私たちが英数字を流暢に読めるようになるためには、徹底的な練習が必要です。本書では、まず基本のルールをしっかり理解できるよう、各項目の読み方を丁寧に説明しています。そして次に、計算式や数字の羅列、フレーズや例文、会話文や説明文まで、バラエティに富んだ練習メニューを用意しました。ぜひ一緒に最後まで頑張りましょう！

＊本書は、2017年に出版した『英会話で数字がわかる！』（北浦尚彦／著）に大幅に加筆・修正したものです。

＊Chapter 1–6：北浦尚彦、江藤友佳　Chapter 7–8：江藤友佳

CHAPTER 1

1から1000兆まで！ 英語の数字の基本

CHAPTER 2

年号・時刻・電話番号

CHAPTER 3

序数・日付・分数

CHAPTER 4

数字とセットで使う程度の表現

CHAPTER 5

数字とセットで使う単位の表現

CHAPTER 6

数の意味を含む表現

CHAPTER 7
シーン別実践練習

CHAPTER 8
強化トレーニング

本書の使い方

単に英数字のルールを理解するだけでなく、「スラスラ言える」「パッと言える」よう練習することが大事です。そこで本書では練習に変化をつけながら、結果として「同じ数字を何度も繰り返す」ことができるように工夫を施しました。

Check! 数字の読み方をチェック／ボキャブラリー

まずは各項目のポイントとなる数字とその読み方を表にまとめました。音声を聴き、発音を１つずつ確認しながらリピート練習しましょう。Chapter 4–6では数に関するボキャブラリーを紹介します。

Tips 読み方のポイント／なるほど！　ポイント

ここでは、各項目の数字に関する読み方や使い方のルールをまとめました。何度も読み、英語の数字に関する表現の知識を深めてください。

どんどん言ってみよう

次に、パターンに従って連続でテンポ良く発音する練習を行います。できるだけテンポを崩さず、慣れてきたら徐々にテンポを上げてやってみましょう。この練習は英数字を「スラスラと言える」ようになるために口回りの筋肉を鍛える上で、大きな効果があります。

計算式を英語で言ってみよう／パターンで言ってみよう／フレーズで言ってみよう

足し算・引き算・掛け算・割り算を英語で行う練習です（Chapter 1のみ）。何だか難しそうに聞こえますが、４つの言い方のパターンだけまず覚えてしまえば簡単です。

▶足し算

例：1+1=2
　　1 plus（プラス）1 is（イズ）2.

▶引き算

例：2−1=1
2 minus（マイナス）1 is（イズ）1.

▶掛け算

例：2×1=2
2 times（タイムズ）1 is（イズ）2.

▶割り算

例：2÷1=2
2 divided by（ディヴァイディッド・バイ）1 is（イズ）2.

・isの代わりにequalsという表現もありますが、本書ではisで統一します。
・足し算ではmakesを使い、1 and 1 makes 2.と言うこともあります。
・「引く」はminus以外にtake awayという表現もありますが、本書ではminusを使った表現で練習します。
・「掛ける」はtimes以外にmultiplied byという表現もありますが、本書ではtimesを使った表現で練習します。

Chapter 2以降は計算式ではなく、数字に関する例文のパターン練習を行います。Chapter 4以降ではフレーズで言う練習になります。

☑ 英文で言ってみよう

仕上げとして、英数字を使った文を読み上げる練習をしましょう。音読に慣れてきたら、今度は日本語文を見てから英文を口にする練習もやってみるとさらに力がつくはずです。

長い文は少し大変ですが、主役である数字に特に神経を集中させて、英数字をパッと言えるように頑張ってみましょう。

☑ シーン別実践練習／強化トレーニング

Chapter 6までの基礎練習を十分に行った後は、Chapter 7のシーン別実践練習に進みましょう。外国人旅行客との会話からサポートデスクでの電話対応、社内会議での売上報告まで、様々なビジネスシーンで役立つ会話文や説明文を収録しています。

Chapter 8の強化トレーニングは、最後の総仕上げです。より流暢に数字を含む文を言えるように練習しましょう。

＊本書では、英語の数字が読めるようになることを目的としているため、あえて単語でなく数字で表記するようにしています（例：fiveでなく5にしたり、文頭をThirteenでなく13にするなど）。英語のルール上は単語でスペルアウトすることが望ましいとされるものでも、数字で表記するようにしています。

音声データの無料ダウンロード

本書『英語の数字ルールブック』に対応した音声ファイル（mp3ファイル）を下記URLから無料でダウンロードすることができます。ZIP形式の圧縮ファイルです。

https://www.cm-language.co.jp/books/rulesfornumbers/

本文で紹介している計算式や例文、会話、説明文など（英語）を収録しました。ナチュラルなスピードでの、アメリカ英語のナレーションです。Trackマークの番号がファイル名に対応しています。

ダウンロードした音声ファイル（mp3）は、iTunes等のmp3再生ソフトやハードウエアに取り込んでご利用ください。ファイルのご利用方法や、取込方法や再生方法については、出版社、著者、販売会社、書店ではお答えできかねますので、各種ソフトウエアや製品に付属するマニュアル等をご確認ください。

音声ファイル（mp3）は、『英語の数字ルールブック』の理解を深めるために用意したものです。それ以外の目的でのご利用は一切できませんのでご了承ください。

CHAPTER 1

1から1000兆まで！
英語の数字の基本

1（one）、2（two）、3（three）からなんと最大1,000兆まで！　英語での数字の読み方を学び、しっかり言える・聞き取れるように練習していきましょう！

1–10

Track 01

Check! 数字の読み方をチェック

1	one	ワン
2	two	トゥ
3	three	スリィ
4	four	フォー
5	five	ファイヴ
6	six	スィクス
7	seven	セヴン
8	eight	エイt
9	nine	ナイン
10	ten	テン

Tips 読み方のポイント

まずは基本中の基本、1から10までの数え方と発音を確認しましょう。特に気をつけたいのがeightの発音で、語尾には余計な母音の「オ」を入れずに(「ト」でなく「t」)、最後にキュッと止める（エイtッ）イメージで発音すると、語尾がぼやけず相手にとっても聞き取りやすくなります。

nの音で終わるone, seven, nine, tenについても、語尾を「ンヌッ」で発音すると音がぼやけずクリアになります。ぜひ意識してやってみましょう。

fourの最後のrの発音をきれいに出すためにはフォーと言った後、オーの音の余韻を残しながら舌を一瞬口の中で持ち上げてください。オーの音をしっかり出した後に舌を持ち上げるのがコツです。

どんどん言ってみよう

1, 2, 3, … 8, 9, 10（通して）

10, 9, 8, … 3, 2, 1（逆順で）

1, 1, 2, 2, 3, 3, … 8, 8, 9, 9, 10,10（2連続で）

2, 4, 6, 8, 10

1, 3, 5, 7, 9

1 cup, 2 cups, 3 cups, … 8 cups, 9 cups, 10 cups

計算式を英語で言ってみよう

1 + 1 = 2 ▶ One plus one is two.
2 + 3 = 5 ▶ Two plus three is five.
4 + 6 = 10 ▶ Four plus six is ten.
3 + 5 = 8 ▶ Three plus five is eight.

7 − 4 = 3 ▶ Seven minus four is three.
9 − 3 = 6 ▶ Nine minus three is six.
8 − 4 = 4 ▶ Eight minus four is four.
6 − 1 = 5 ▶ Six minus one is five.

3 × 3 = 9 ▶ Three times three is nine.
2 × 5 = 10 ▶ Two times five is ten.
4 × 2 = 8 ▶ Four times two is eight.
7 × 1 = 7 ▶ Seven times one is seven.

6 ÷ 3 = 2 ▶ Six divided by three is two.
8 ÷ 2 = 4 ▶ Eight divided by two is four.
10 ÷ 5 = 2 ▶ Ten divided by five is two.
9 ÷ 3 = 3 ▶ Nine divided by three is three.

英文で言ってみよう

Track 02

I have 1 question.*
one/a

1つ質問があります。

I have 2 children.
two

私には子どもが2人います。

She speaks 3 languages.
three

彼女は3か国語を話します。

I went there 4 times.
four

私はそこに4回行った。

He ate 5 hamburgers.
five

彼はハンバーガーを5個も食べた。

We waited for 6 hours.
six

私たちは6時間も待った。

I work 7 days in 1 week!*
seven one/a

私は1週間のうち7日働いています！

There are 8 people in the room.
eight

部屋には8人います。

Baseball games consist of 9 innings.
nine

野球の試合は9イニングで構成されます。

There are 10 (ten) chairs in this meeting room.

この会議室には10脚の椅子があります。

*1（one）はここでの例文を含め、実際にはa/anに置き換えたほうが自然なケースが多い。

I have 1 question. → I have a question.
in 1 week → a week
in 1 day → a day

Column

英語の数字表記ルール①
1–9まではアルファベットで書く

文章（書き言葉）では「1から9はアルファベット（one, two, three ～）で書く」という基本ルールがあります。これをスペルアウトと言います。左ページの例文のほとんどは書き言葉としてはNGとなってしまいますが、数字を英語で言えることを目的とする本書では、わざと数字表記しています。3を頭の中でthreeに変換してから発音するのがここでのトレーニングの狙いです。threeと書いてあるのを見たまま発音するだけではつまらないですからね。

Column

対で使うものの表現

対で使うものについて表現するときは注意が必要です。I have 2 shoes. と言うと混乱を招きますので、I have a pair of shoes.「靴が1足ある」のようにa pair ofを使います（右足用と左足用で2つの靴がある）。I have 2 mismatched shoes. なら「異なる種類の靴が2つバラバラにある」という意味になり、状況が明確になります。

11–19

Check! 数字の読み方をチェック

11	eleven	イレヴン
12	twelve	トゥエルヴ
13	thirteen	サーティーン
14	fourteen	フォーティーン
15	fifteen	フィフティーン
16	sixteen	スィクスティーン
17	seventeen	セヴンティーン
18	eighteen	エイティーン
19	nineteen	ナインティーン

Tips 読み方のポイント

11と12に入っているv（ヴ）の発音は、（ブ）とならないようにしっかり区別した発音を意識しましょう。

13から19は-teenをつけます。読み方のポイントは次の2つです。

1) -teenにしっかりアクセント（強勢）をつけましょう。イーの音を伸ばして長めに-teenを言うことで、はっきりした聞き取りやすい-teenになります。

2) 語尾は「何となく『ン』」でなく「ンヌッ」、さらに言えば大げさに「ンヌッ！」と発音するくらいでちょうどいいでしょう。

どんどん言ってみよう

11, 12, 13, ... 17, 18, 19（通して）

11, 11, 12, 12, 13, 13, ... 17, 17, 18, 18, 19, 19

19, 18, 17, ... 13, 12, 11（逆順で）

19, 19, 18, 18, 17, 17, ... 13, 13, 12, 12, 11, 11

計算式を英語で言ってみよう

$11 + 2 = 13$ ▸ Eleven plus two is thirteen.

$12 + 3 = 15$ ▸ Twelve plus three is fifteen.

$13 + 4 = 17$ ▸ Thirteen plus four is seventeen.

$14 + 5 = 19$ ▸ Fourteen plus five is nineteen.

$18 - 2 = 16$ ▸ Eighteen minus two is sixteen.

$17 - 3 = 14$ ▸ Seventeen minus three is fourteen.

$16 - 4 = 12$ ▸ Sixteen minus four is twelve.

$15 \times 1 = 15$ ▸ Fifteen times one is fifteen.

$2 \times 6 = 12$ ▸ Two times six is twelve.

$4 \times 4 = 16$ ▸ Four times four is sixteen.

$19 \div 1 = 19$ ▸ Nineteen divided by one is nineteen.

$18 \div 2 = 9$ ▸ Eighteen divided by two is nine.

$16 \div 8 = 2$ ▸ Sixteen divided by eight is two.

英文で言ってみよう

Track 04

A football team consists of 11 players.
eleven

フットボール（サッカー）チームは11人の選手で構成される。

I slept for 11 hours yesterday.
eleven

私は昨日11時間寝ました。

There are 12 teams in Japan's professional baseball league.
twelve

日本のプロ野球リーグは12チームある。

There are 12 months in 1 year.
twelve one/a

1年は12の月がある。

The number 13 is considered an unlucky number in the West.
thirteen

西洋では数字の13は運の悪い数とされている。

13 is my lucky number, though.
Thirteen

13は私にとってラッキーナンバーだけどね。

This curry is blended with 14 different spices.
fourteen

このカレーは14種類のスパイスがブレンドされています。

This book has 14 chapters.
fourteen

この本は14章あります。

There are 15 students in my class.
fifteen

私のクラスには生徒が15人います。

She worked in London for 15 years.
fifteen

彼女はロンドンで15年働いていた。

She is 16 years old.
sixteen

彼女は16歳です。

There are 16 tickets left.
sixteen

チケットは16枚残っています。

I lived in Kyoto for 17 years.
seventeen

私は京都に17年住んでいた。

The report is 17 pages long.
seventeen

報告書は17ページの長さです。

He is already 18 years old.
eighteen

彼はもう18歳です。

There are 18 students in my English conversation class.
eighteen

私の英会話クラスには生徒が18人いる。

I will be 19 years old next month.
nineteen

私は来月19歳になります。

19 people were injured in the car accident.
nineteen

自動車事故で19人が怪我をしました。

Column 青春のティーンズ

13から19についているteenには「十代（の）」という意味がありますが、自分1人のことであっても通常teens と複数形で使います。

I played baseball when I was in my teens.

なぜなら、野球をやっていたのはたとえば「14歳、15歳、16歳のとき」、つまり複数の年齢を指しているからです。

20–90

Track 05

Check! 数字の読み方をチェック

20	twenty	トゥエンティ
30	thirty	サーティ
40	forty	フォーティ
50	fifty	フィフティ
60	sixty	スィクスティ
70	seventy	セヴンティ
80	eighty	エイティ
90	ninety	ナインティ

Tips 読み方のポイント

30–90の発音は13–19の発音と似ているためによく混乱します。30–90の発音は強勢を**-tyの前**（thirty, forty, fifty…）に置くことが、13–19の発音と大きく違うポイントです。発音が似ている13, 30や14, 40を読む際には、強勢の位置に違いをつけること、またそれぞれ語尾を濁さずにしっかり発音して区別をつけるよう意識しましょう。

thirteen　サーティーンヌッ！
thirty　サーティッ！／サーディ！

アメリカ英語では、thirty以降はtyの発音をdyの音のようにディと発音します。こうすることで、teenとtyの違いがわかりやすくなります。（→p. 24参照）

☑ どんどん言ってみよう

20, 30, 40, … 70, 80, 90（通して）

90, 80, 70, … 40, 30, 20（逆順で）

13, 30, 14, 40, 15, 50, … 17, 70, 18, 80, 19, 90（13–19は「強勢を-teenに」、30–90は「強勢を-tyの前に」を意識。また13–19は「ンヌッ！」、30–90は「ティッ！」を意識して発音しよう）

☑ 計算式を英語で言ってみよう

20 + 30 = 50 ▶ Twenty plus thirty is fifty.
40 + 30 = 70 ▶ Forty plus thirty is seventy.
70 + 20 = 90 ▶ Seventy plus twenty is ninety.
40 + 20 = 60 ▶ Forty plus twenty is sixty.

90 – 20 = 70 ▶ Ninety minus twenty is seventy.
80 – 30 = 50 ▶ Eighty minus thirty is fifty.
50 – 30 = 20 ▶ Fifty minus thirty is twenty.
70 – 30 = 40 ▶ Seventy minus thirty is forty.

20 × 2 = 40 ▶ Twenty times two is forty.
30 × 3 = 90 ▶ Thirty times three is ninety.
20 × 3 = 60 ▶ Twenty times three is sixty.
50 × 1 = 50 ▶ Fifty times one is fifty.

80 ÷ 2 = 40 ▶ Eighty divided by two is forty.
60 ÷ 3 = 20 ▶ Sixty divided by three is twenty.
40 ÷ 20 = 2 ▶ Forty divided by twenty is two.
70 ÷ 7 = 10 ▶ Seventy divided by seven is ten.

英文で言ってみよう

Track 06

It takes 20 minutes by car to get there.
twenty

その場所に着くまで車で20分かかります。

He owns 20 restaurants in Tokyo.
twenty

彼は東京で20軒のレストランを所有しています。

I already finished reading 30 pages.
thirty

私はすでに30ページ読み終えました。

The admission fee is 30 dollars and 13 cents.
thirty thirteen

入場料は30ドルと13セントです。

I have just turned 40 this month.
forty

私は今月ちょうど40歳になりました。

The audio file was 40 minutes and 14 seconds long.
forty fourteen

オーディオファイルは40分と14秒の長さでした。

We need 50 single rooms for our group.
fifty

私たちのグループは50室のシングルルームが必要です。

I only have 50 yen and 15 membership cards in my wallet.
fifty fifteen

私の財布には50円と15枚の会員カード（スタンプカードなど）しかありません。

I have 60 email messages in my inbox.
sixty

メールの受信ボックスにメッセージが60件もあります。

There are 60 cans of orange juice and 16 cans of apple juice.
sixty sixteen

オレンジジュースが60缶、アップルジュースが16缶あります。

There are 70 students in this room.
seventy

この部屋には70名の学生がいます。

Did you say 17 or 70 just now?
seventeen seventy

あなたは今17と言いましたか、それとも70ですか？

I bought 80 paper plates for our party.
eighty

パーティーのために80枚紙皿を購入しました。

I started working when I was 18, and worked until 80.
eighteen eighty

私は18歳のときから働き始めて、80歳まで仕事をした。

We need 90 handouts for the seminar.
ninety

セミナー用に90部の配布資料が必要です。

My grandmother is 90 years old, and she has 19 grandchildren.
ninety nineteen

私の祖母は90歳で、孫が19人います。

Column

「○○年代」を英語で表現する

10代が複数形のteensであるなら、20代はtwenties、30代はthirtiesとなります。この表現は年齢以外に年代にも使え、たとえば1880年代ならeighteen eighties（1880s）となります。ちなみに現代英語では単にeighties（'80s）と言う場合、直近の80年代、つまり1980年代を指すのが一般的です。

21–99

Track 07

Check! 数字の読み方をチェック

21	twenty-one	トゥエンティ・ワン
32	thirty-two	サーティ・トゥ
43	forty-three	フォーティ・スリー
54	fifty-four	フィフティ・フォー
65	sixty-five	スィクスティ・ファイヴ
76	seventy-six	セヴンティ・スィクス
87	eighty-seven	エイティ・セヴン
88	eighty-eight	エイティ・エイト
99	ninety-nine	ナインティ・ナイン

Tips 読み方のポイント

21から99は、これまで練習した十の位と一の位をくっつけて発音するだけです。表記する場合はハイフンでつなぎます。そう考えると、2桁の数字は句動詞に似ているとも言えるのかもしれません。twentyはアメリカ英語ではtの音を言わずにトゥエニィのように発音する人も多く、21ならトゥエニィ・ワンと発音します。(→p. 27参照)

どんどん言ってみよう

31, 32, 33, … 37, 38, 39（30の行）

81, 82, 83, … 87, 88, 89（80の行）

23, 33, 43, … 73, 83, 93（一の位が3）

94, 84, 74, … 44, 34, 24（一の位が4）

49, 48, 47, … 43, 42, 41（大→小）

29, 28, 27, … 23, 22, 21（大→小）

計算式を英語で言ってみよう

$33 + 22 = 55$ ▶ Thirty-three plus twenty-two is fifty-five.
$42 + 57 = 99$ ▶ Forty-two plus fifty-seven is ninety-nine.
$63 + 24 = 87$ ▶ Sixty-three plus twenty-four is eighty-seven.
$74 + 23 = 97$ ▶ Seventy-four plus twenty-three is ninety-seven.

$48 - 23 = 25$ ▶ Forty-eight minus twenty-three is twenty-five.
$67 - 33 = 34$ ▶ Sixty-seven minus thirty-three is thirty-four.
$77 - 25 = 52$ ▶ Seventy-seven minus twenty-five is fifty-two.
$89 - 68 = 21$ ▶ Eighty-nine minus sixty-eight is twenty-one.

$23 \times 3 = 69$ ▶ Twenty-three times three is sixty-nine.
$48 \times 2 = 96$ ▶ Forty-eight times two is ninety-six.
$31 \times 3 = 93$ ▶ Thirty-one times three is ninety-three.
$22 \times 4 = 88$ ▶ Twenty-two times four is eighty-eight.

$99 \div 3 = 33$ ▶ Ninety-nine divided by three is thirty-three.
$86 \div 2 = 43$ ▶ Eighty-six divided by two is forty-three.
$64 \div 2 = 32$ ▶ Sixty-four divided by two is thirty-two.
$84 \div 4 = 21$ ▶ Eighty-four divided by four is twenty-one.

☑ 英文で言ってみよう

I am 21 years old.
twenty-one

私は21歳です。

My son is 32 years old.
thirty-two

私の息子は32歳です。

My daughter is 44 years old.
forty-four

私の娘は44歳です。

My father is 56 years old.
fifty-six

私の父は56歳です。

My mom is 67 years old, and my dad is 65.
sixty-seven / sixty-five

私のママは67歳で、パパは65歳です。

Her younger brother is 79 years old, but he still looks young.
seventy-nine

彼女の弟は79歳ですが、まだ若く見えます。

His grandfather is 83 years old, and he jogs every morning.
eighty-three

彼の祖父は83歳ですが、毎朝ジョギングをしています。

My mother-in-law is 99 years old, and she recently bought a new bicycle!
ninety-nine

私の義母は99歳ですが、なんと最近新しい自転車を買いました！

My elder sister got married when she was 19 years old.
nineteen

私の姉は19歳のときに結婚しました。

That parrot is 38 years old. Did you know parrots live so long?
thirty-eight

あのオウムは38歳です。オウムがこんなに長生きだと知っていましたか。

I have a 24-year-old son.
twenty-four

私には24歳の息子がいます。

＊数字が形容詞として使われるときは、ハイフンでつなぎます。years-oldではなく、year-oldとなっていることに気づきましたか。yearはここでは名詞ではなく、形容詞としての役割を担うため、複数形のsはつけません。(→p. 190)

Column 音が変わる!?

p. 24で2桁の数字を句動詞になぞらえたのには、実は英語の発音を理解する上で重要なポイントとなる理由があります。というのも実際の会話では、音の変化が起きる場合があるのです。

	くっつけて発音するだけ(基本発音)	実際の会話発音
take off	テイク・オフ	テイコフ
21 (twenty-one)	トゥエンティ・ワン	トゥエニィ・ワン
32 (thirty-two)	サーティ・トゥ	サーリィ・トゥ

英語の音はいくつかのパターンに従って変化します。覚えておきたい法則は、7, 8(セヴェネイト)のように母音が前の子音につく「連結」、thank youのkとyou(キュー)のようにつながって別の音になる「同化」、そしてgood luck(グッラック)のdのように音が消えてしまう「脱落」です。

100–1900（1000以外）

Track 09

Check! 数字の読み方をチェック

100	one/a hundred	ワン（または「ア」）・ハンドレッド
200	two hundred	トゥ・ハンドレッド
300	three hundred	スリー・ハンドレッド
400	four hundred	フォー・ハンドレッド
500	five hundred	ファイヴ・ハンドレッド
600	six hundred	スィクス・ハンドレッド
700	seven hundred	セヴン・ハンドレッド
800	eight hundred	エイト・ハンドレッド
900	nine hundred	ナイン・ハンドレッド

Tips 読み方のポイント

百の位はhundred、100はone hundredまたはa hundredと発音します（計算式ではone hundred）。基本的にhundredで表すのは100台から900台ですが、1,100台以上でも、p. 36で紹介するthousand（千）を使う代わりにhundredで表現することがあります。

1,100　eleven hundred / one thousand one hundred
1,900　nineteen hundred / one thousand nine hundred

たとえば1,100は100 (hundred)が11個あるという考え方です。（→p. 39参照）

どんどん言ってみよう

100, 200, 300, … 700, 800, 900

900, 800, 700, … 300, 200, 100

1,100, 1,200, 1,300, … 1,700, 1,800, 1,900（hundredを使って）

計算式を英語で言ってみよう

＊スペースの都合上、ここではhundredはHと略しています。

200 + 500 = 700 ▶ Two H plus five H is seven H.
300 + 600 = 900 ▶ Three H plus six H is nine H.
400 + 100 = 500 ▶ Four H plus one H is five H.

300 – 100 = 200 ▶ Three H minus one H is two H.
500 – 400 = 100 ▶ Five H minus four H is one H.
900 – 700 = 200 ▶ Nine H minus seven H is two H.

100 × 7 = 700 ▶ One H times seven is seven H.
200 × 4 = 800 ▶ Two H times four is eight H.
300 × 3 = 900 ▶ Three H times three is nine H.

600 ÷ 3 = 200 ▶ Six H divided by three is two H.
800 ÷ 2 = 400 ▶ Eight H divided by two is four H.
500 ÷ 100 = 5 ▶ Five H divided by one H is five.

英文で言ってみよう

Track 10

Can you make 100 copies, please?
one/a hundred

100部コピーしてくれますか。

200 people lined up to buy the tickets.
Two hundred

チケットを買うために200人が並んだ。

It weighs 300 tons.
three hundred

それは重さが300トンある。

400 people attended the seminar.
Four hundred

セミナーには400人が参加した。

It only costs 500 yen.
five hundred

それはたった500円です。

500 tires were stolen from the warehouse.
Five hundred

倉庫からタイヤ500本が盗まれた。

There were 600 guests at the reception.
six hundred

レセプションには招待客が600人いた。

The company has 700 employees.
seven hundred

その会社は従業員が700人います。

The hotel has 800 rooms.
eight hundred

そのホテルは800室あります。

The investment created 800 job opportunities for local engineers.
eight hundred

その投資は現地エンジニア800人の雇用を生み出した。

I have 900 followers on Twitter.
nine hundred

私はツイッターで900人のフォロワーがいます。

This theater seats 1,100 people.
eleven hundred

この劇場は1,100人を収容します。（→ p. 39）

This book costs 1,200 yen.
twelve hundred

この本は1,200円です。（→ p. 39）

Column

英語の数字表記ルール②
10以上は数字で書く

p. 15で、書き言葉では1から9までをアルファベットで書く、というルールを紹介しました。つまり10以上については数字で表記します。

10以上の数字であっても文章のはじめに来る数字はスペルアウトする（文字で書く）というのが本来のルールです。たとえば例文の4番目の400は、書き言葉ではFour hundredとするのですが、ここでは数字に強くなっていただくために400と表記しています。

400 people attended the seminar.
→ Four hundred people attended the seminar.

101–999

Track
11

Check! 数字の読み方をチェック

101	one hundred (and) one
210	two hundred (and) ten
315	three hundred (and) fifteen
423	four hundred (and) twenty-three
545	five hundred (and) forty-five
666	six hundred (and) sixty-six
772	seven hundred (and) seventy-two
884	eight hundred (and) eighty-four
999	nine hundred (and) ninety-nine

Tips 読み方のポイント

3桁の101から999までを読むとき、百の位と十の位（101のように十の位がゼロの場合、一の位）の数字との間にandを入れるパターンと、入れないパターンがあります（詳しくはp. 35のコラムを参照）。本書の音声ではandを入れずに吹き込んでいます。もちろん、もしあなたが「andを入れる派」であれば、無理に矯正する必要はまったくありません。

3桁の数字を見かけたときには、本当に数量を示しているのか判断が必要です。数量ではなく番号を示している場合は、pp. 62–63でご紹介する読み方をしましょう。

どんどん言ってみよう

101, 102, 103, ... 108, 109, 110

310, 320, 330, ... 380, 390, 400（10刻み）

111, 222, 333, ... 777, 888, 999（ゾロ目）

計算式を英語で言ってみよう

* H =hundred　&=and

222 + 333 = 555

▶ Two H (&) twenty-two plus three H (&) thirty-three is five H (&) fifty-five.

401 + 508 = 909

▶ Four H (&) one plus five H (&) eight is nine H (&) nine.

987 – 876 = 111

▶ Nine H (&) eighty-seven minus eight H (&) seventy-six is one H (&) eleven.

654 – 301 = 353

▶ Six H (&) fifty-four minus three H (&) one is three H (&) fifty-three.

234 × 4 = 936

▶ Two H (&) thirty-four times four is nine H (&) thirty-six.

313 × 3 = 939

▶ Three H (&) thirteen times three is nine H (&) thirty-nine.

992 ÷ 2 = 496

▶ Nine H (&) ninety-two divided by two is four H (&) ninety-six.

669 ÷ 3 = 223

▶ Six H (&) sixty-nine divided by three is two H (&) twenty-three.

☑ 英文で言ってみよう

Track 12

It's on page 107.
one hundred (and) seven

107ページに載っています。

Please take a look at page 213.
two hundred (and) thirteen

213ページをご覧ください。

Details are available on page 328.
three hundred (and) twenty-eight

詳細は328ページにあります。

Please refer to the chart on page 436.
four hundred (and) thirty-six

436ページのチャート（図）をご参照ください。

The answer is on page 542.
five hundred (and) forty-two

答えは542ページにあります。

I am now reading page 675... I mean, it's too long!
six hundred (and) seventy-five

私は今、675ページを読んでいます…って、長すぎ！

＊I mean（つまり言いたいことは）

I read a mystery novel which is 829 pages long.
eight hundred (and) twenty-nine

私は829ページの長さのミステリー小説を読んだ。

I also read another novel written by the same author which consists of 826 pages.
eight hundred (and) twenty-six

私は同じ著者による、826ページある別の小説を読んだ。

I found a typo on page **913**.
nine hundred (and) thirteen

913ページに誤植を見つけました。

I have to read **123** pages for my research project.
one hundred (and) twenty-three

私は研究プロジェクトのために123ページ読まないといけません。

The data size is large because it's a **989**-page paper.
nine hundred (and) eighty-nine

データ容量が大きいのは、989ページの資料だからです。

＊ paper（ここでは資料の意味）

Column **アメリカ英語とイギリス英語の違い①**
and

基本的に、イギリス英語ではhundredの後にandを入れますが、アメリカ英語ではこのandを入れた読み方をしません。本書のCDナレーションではandを入れないアメリカ式を採用していますが、もちろんandを入れた発音で練習してもかまいません。andを入れた発音をすることで、p. 27でご紹介した「会話の発音」の音の変化をより理解できるかもしれません。

	基本の発音	実際の会話の発音
110 one hundred and ten	ワン・ハンドレッド・アンド・テン	ワンハンドレッデン・テン
fish and chips	フィッシュ・アンド・チップス	フィッシェンチップス (fish 'n' chips)

1,000–999,000

Track 13

Check! 数字の読み方をチェック

1,000	one/a thousand	1,000
8,000	eight thousand	8,000
10,000	ten thousand	1万
12,000	twelve thousand	1万2,000
33,000	thirty-three thousand	3万3,000
100,000	one hundred thousand	10万
336,000	three hundred (and) thirty-six thousand	33万6,000
999,000	nine hundred (and) ninety-nine thousand	99万9,000

Tips 読み方のポイント

1,000以上はthousandを使って、1,000から最大900,000（90万）まで表すことができますが、10,000以降は日本語と英語で数字の読み方が大きく変わります。数字を3桁ごとに区切る英数字には日本語の「万」という概念がないため、1万（10,000）はone＋「万」でなくten (10) thousand、10万（100,000）はten (10)＋「万」でなくone hundred (100) thousandとなります。thousandはKと書くこともあり、「10K」なら10,000を表します。

大きな数字はカンマの読み方を覚えてしまうと読みやすくなります。以下のように覚えましょう。

1,234,567,891

↑ billion　↑ million　↑ thousand

one **billion**, two hundred (and) thirty-four **million**, five hundred (and) sixty-seven **thousand**, eight hundred (and) ninety-one

どんどん言ってみよう

1,000, 2,000, 3,000, … 7,000, 8,000, 9,000

10,000, 20,000, 30,000, … 70,000, 80,000, 90,000

999,000, 998,000, 997,000, … 993,000, 992,000, 991,000（大→小）

計算式を英語で言ってみよう

* T =thousand　H =hundred　&=and

4,000 + 5,000 = 9,000

▶ Four T plus five T is nine T .

17,000 + 23,000 = 40,000

▶ Seventeen T plus twenty-three T is forty T .

25,000 – 17,000 = 8,000

▶ Twenty-five T minus seventeen T is eight T .

480,000 – 470,000 = 10,000

▶ Four H (&) eighty T minus four H (&) seventy T is ten T .

120,000 × 2 = 240,000

▶ One H (&) twenty T times two is two H (&) forty T .

50,000 × 2 = 100,000

▶ Fifty T times two is one H T .

8,000 ÷ 4 = 2,000

▶ Eight T divided by four is two T .

900,000 ÷ 2 = 450,000

▶ Nine H T divided by two is four H (&) fifty T .

☑ 英文で言ってみよう

The world's largest hotel has over **7,000** guest rooms.
seven thousand

その世界最大のホテルには7,000室以上の客室がある。

His monthly allowance is **50,000** yen.
fifty thousand

彼の月の小遣いは５万円です。

＊ allowance（小遣い）

My monthly allowance is only **10,000** yen...
ten thousand

私の月の小遣いはたった１万円…。

Her monthly salary is about **15,000** dollars.
fifteen thousand

彼女の月収は１万5,000ドルくらいです。

He bought a new house for about **550,000** dollars.
five hundred (and) fifty thousand

彼は新しい家を55万ドルくらいで買った。

They spent about **250,000** euros to renovate their existing home.
two hundred (and) fifty thousand

彼らは中古住宅の改装に約25万ユーロ費やした。

My friend bought an apartment in Manhattan for **900,000** dollars.
nine hundred thousand

私の友人はマンハッタンで90万ドルのアパートを買った。

A car is made from about **30,000** components.
thirty thousand

１台の車は３万点くらいの部品で作られています。

Japan's recently launched passenger jet is said to consist of **950,000** components.
nine hundred (and) fifty thousand

最近投入された日本の旅客機は95万点の部品で構成されていると言われている。
＊ consist of ～（～から成る）

I originally wanted our wedding budget to be ($)**5K**, but it seems impossible!
five K

もともと結婚式の予算を5,000（ドル）にしたかったんだけど、無理みたい！

I heard he's getting paid over ($)**10K** a month.
ten K

彼は毎月10,000（ドル）以上稼いでいるって聞いたよ。

Column アメリカ英語とイギリス英語の違い②
4桁の数字の読み方

アメリカ英語では1,100から9,900まではhundredで表現することもあります（ただし、2,000, 3,000, 4,000などのきりの良い数字は除く）。イギリス英語でも少し範囲は狭くなりますが、1,100や1,900のような100単位の数字はhundredで表現することがあります。

1,100　eleven hundred （米）（英）
1,245　twelve hundred forty-five （米）（イギリスでは言わない）
1,800　eighteen hundred （米）（英）
2,000　× twenty hundred

1,001–999,999

Check! 数字の読み方をチェック

1,001	one thousand (and) one
7,018	seven thousand (and) eighteen
13,069	thirteen thousand (and) sixty-nine
34,246	thirty-four thousand / two hundred (and) forty-six
85,411	eighty-five thousand / four hundred (and) eleven
536,007	five hundred (and) thirty-six thousand (and) seven
627,873	six hundred (and) twenty-seven thousand / eight hundred (and) seventy-three
882,564	eight hundred (and) eighty-two thousand / five hundred (and) sixty-four
999,999	nine hundred (and) ninety-nine thousand / nine hundred (and) ninety-nine

Tips 読み方のポイント

ここでも、3桁の数字をリズム良く言うために百の位と十の位（十の位がゼロの場合、一の位）の間にandを入れることがあります。千の位でも、1,001、7,018、13,069、536,007のように間にゼロが入る場合には、やはりandを入れると言いやすくなり、語呂も良くなります。日本語でも1,008円を「千と8円です」と言うのと似ていますね。

andを言わない場合でも、一瞬の間（ま）を入れると聞き手にとってわかりやすくなります。

どんどん言ってみよう

1,001, 1,002, 1,003, … 1,007, 1,008, 1,009

11,111, 22,222, 33,333, … 77,777, 88,888, 99,999

999,999, 888,888, 777,777, … 333,333, 222,222, 111,111（大→小）

計算式を英語で言ってみよう

* T =thousand　H =hundred　&=and

1,234 + 4,567 = 5,801

▶ One T two H (&) thirty-four plus four T five H (&) sixty-seven is five T eight H (&) one.

65,432 + 4,502 = 69,934

▶ Sixty-five T four H (&) thirty-two plus four T five H (&) two is sixty-nine T nine H (&) thirty-four.

7,654 – 2,431 = 5,223

▶ Seven T six H (&) fifty-four minus two T four H (&) thirty-one is five T two H (&) twenty-three.

237,764 – 124,542 = 113,222

▶ Two H (&) thirty-seven T seven H (&) sixty-four minus one H (&) twenty-four T five H (&) forty-two is one H (&) thirteen T two H (&) twenty-two.

6,503 × 2 = 13,006

▶ Six T five H (&) three times two is thirteen T (&) six.

12,200 × 3 = 36,600

▶ Twelve T two H times three is thirty-six T six H .

48,720 ÷ 2 = 24,360

▶ Forty-eight T seven H (&) twenty divided by two is twenty-four T three H (&) sixty.

864,100 ÷ 2 = 432,050

▶ Eight H (&) sixty-four T one H divided by two is four H (&) thirty-two T (&) fifty.

英文で言ってみよう

Track 16

＊日常会話ではこのように細かい数を言うことはまずありませんが、
練習だと割り切ってやりましょう。

It costs **2,083** dollars.
two thousand (and) eighty-three
それは2,083ドルです。

It costs **30,828** euros.
thirty thousand eight hundred (and) twenty-eight
それは30,828ユーロです。

The book was **1,080** yen, but I only had **1,079** yen.
one thousand (and) eighty / one thousand (and) seventy-nine
本は1,080円したが、私は1,079円しか持っていなかった。

I had to pay him **58,515** pounds.
fifty-eight thousand five hundred (and) fifteen
私は彼に58,515ポンド払わなくてはいけませんでした。

I was charged **101,650** dollars.
one hundred (and) one thousand six hundred (and) fifty
私は101,650ドル請求されました。

I bought this TV for **487,894** yen.
four hundred (and) eighty-seven thousand eight hundred (and) ninety-four
私はこのテレビを487,894円で買いました。

It cost me **652,812** yen for the repair.
six hundred (and) fifty-two thousand eight hundred (and) twelve
修理に652,812円もかかってしまいました。

I sold my car for **872,869** yen.
eight hundred (and) seventy-two thousand eight hundred (and) sixty-nine
私は自分の車を872,869円で売りました。

I paid **989,748** euros for this.
nine hundred (and) eighty-nine thousand seven hundred (and) forty-eight
私はこれに989,748ユーロ払いました。

It costs **537,840** pounds including VAT.
five hundred (and) thirty-seven thousand eight hundred (and) forty
付加価値税込みで537,840ポンドします。

* VAT=value-added tax

According to the survey, the typical range for a house renovation in this city is **18,890** dollars to **45,400** dollars.
eighteen thousand eight hundred (and) ninety　forty-five thousand four hundred
アンケートによると、この街での家の改修工事の一般的な費用は18,890ドルから45,400ドルです。

Column **「もう1時間近く練習したよ！」「いやいや、まだ40分ちょっとでしょ…」**

「テレビを487,894円で買いました」「989,748ユーロ払いました」などは数字の練習のためにあえて細かくしたものです。数が大きい場合、細かすぎる数字を相手に伝えるというのは現実的ではないでしょう。

そこで便利なのが、Chapter 4で紹介する「約」「あたり」「だいたい」「ざっくり」「ざっと」「〜近く」などの度合いを表すフレーズです。「487,894円」は、「約49万円」と言う人もいれば「50万円くらい」と言う人もいますので、正解はありません。Chapter 4の練習が済んだら、左ページの例文を使って「約〜」「だいたい〜」などと言い換えてみるのもよいでしょう。

Million

Track
17

Check! 数字の読み方をチェック

1,000,000	one/a million	100万
2,000,000	two million	200万
3,000,000	three million	300万
12,000,000	twelve million	1,200万
23,000,000	twenty-three million	2,300万
44,000,000	forty-four million	4,400万
560,000,000	five hundred (and) sixty million	5億6,000万
789,000,000	seven hundred (and) eighty-nine million	7億8,900万

Tips 読み方のポイント

英語では千の位から90万台まではthousandで表しますが、「100万(1,000,000)」からはmillionに変わり、最大「9億(900,000,000)」台までmillionで表現します。日本人としては「万」と「億」がごちゃ混ぜになるため瞬時の言い換えが難しいですが、反復練習で慣れるしかありません！

また、お金持ちを意味するmillionaire（ミリオネア）という単語があります。100万ドルが約1億円であると考えれば、「億万長者」と訳すのも納得できるのではないでしょうか。

どんどん言ってみよう

1 million, 2 million, 3 million, … 7 million, 8 million, 9 million

10 million, 11 million, 12 million, … 17 million, 18 million, 19 million

10 million, 20 million, 30 million, … 70 million, 80 million, 90 million

100 million, 200 million, 300 million, … 700 million, 800 million, 900 million

計算式を英語で言ってみよう

＊ここでは、日本語から英語に瞬時に変換する練習を行います。

100万 + 100万 = 200万

▶ One million plus one million is two million.

300万 + 400万 = 700万

▶ Three million plus four million is seven million.

800万 − 300万 = 500万

▶ Eight million minus three million is five million.

9億8,700万 − 1億4,100万 = 8億4,600万

▶ Nine hundred (&) eighty-seven million minus one hundred (&) forty-one million is eight hundred (&) forty-six million.

200万 × 3 = 600万

▶ Two million times three is six million.

4億8,900万 × 2 = 9億7,800万

▶ Four hundred (&) eighty-nine million times two is nine hundred (&) seventy-eight million.

800万 ÷ 2 = 400万

▶ Eight million divided by two is four million.

4億8,000万 ÷ 2 = 2億4,000万

▶ Four hundred (&) eighty million divided by two is two hundred (&) forty million.

英文で言ってみよう

Track 18

I have savings of 2,000,000 euros.
two million

私は貯金が200万ユーロある。

An aircraft consists of about 3,000,000 parts.
three million

航空機は約300万点の部品で構成されている。

The company invested 12,000,000 dollars to build a new factory.
twelve million

その会社は新工場を作るために1,200万ドルを投資した。

I took out a mortgage of 50,000,000 yen.
fifty million

私は5,000万円の住宅ローンを借り入れた。

He is in debt for about 90,000,000 dollars.
ninety million

彼は9,000万ドルくらいの借金を抱えています。

My friend lives in a condo that cost more than 100,000,000 yen.
one/a hundred million

私の友達は1億円以上したマンションに住んでいる。

We purchase 250,000,000 pounds worth of raw materials annually.
two hundred (and) fifty million

弊社は年間2億5,000万ポンドに相当する原材料を購入しています。

＊～ worth of… (～に相当する…)

Our annual turnover is around **500,000,000** yen.
five hundred million

弊社の年間売上高はだいたい5億円あたりです。

My friend won a lottery jackpot of **700,000,000** yen.
seven hundred million

私の友達は宝くじで7億円の大当たりを当てた。

＊ jackpot（大当たり）

I also won **70,000,000** yen... in a dream.
seventy million

私も7,000万円を当てました…夢の中で。

In **2020**, Yokohama was the second largest city in Japan with its
twenty twenty

population of about **3,750,000**.
three million seven hundred (and) fifty thousand

2020年の横浜の人口は約375万人で、日本で2番目に大きな都市でした。

The population of Japan is around **125,480,000**.
one/a hundred (and) twenty-five million four hundred (and) eighty thousand

日本の人口は約1億2548万人です。

Column

英語の数字表記ルール③
大きな数字の書き方

例文では、数字に慣れていただくために数字で表記していますが、1,000,000（百万）や次項で紹介する1,000,000,000（十億）などの大きな数字については、ゼロが多く見づらいため、数字とmillion/billionを組み合わせて書くのが基本ルールです。

2,000,000 → two million
100,000,000 → 100 million

Billion

Track 19

Check! 数字の読み方をチェック

1,000,000,000	one/a billion	10億
10,000,000,000	ten billion	100億
15,000,000,000	fifteen billion	150億
35,000,000,000	thirty-five billion	350億
100,000,000,000	one hundred billion	1,000億
206,000,000,000	two hundred (and) six billion	2,060億
450,000,000,000	four hundred (and) fifty billion	4,500億
789,000,000,000	seven hundred (and) eighty-nine billion	7,890億

Tips 読み方のポイント

「10億（1,000,000,000）」は英語でbillionと言い、最大「9,000億（900,000,000,000）」台まで言い表すことができます。たとえば12億（1,200,000,000）は、one billion two hundred millionの代わりに、小数表現を使って1.2 (one point two) billionのように言うのが一般的です。（小数点を使った表現についてはp. 52で紹介します）

今ではbillionは0が9個つく数字だと考えられていますが、実は1970年代まではbillionが意味する数字がアメリカ英語とイギリス英語で異なっていました。イギリス英語の旧billionはlong scaleと言われており、12個の0がついていました。幸いなことに、今ではshort scale（アメリカの数字の定義）に統一されていますので、0が9個つくのがbillionと覚えれば大丈夫です。

どんどん言ってみよう

1 billion, 2 billion, 3 billion, … 7 billion, 8 billion, 9 billion

10 billion, 20 billion, 30 billion, … 70 billion, 80 billion, 90 billion

100 billion, 200 billion, 300 billion, … 700 billion, 800 billion, 900 billion

計算式を英語で言ってみよう

* H =hundred　&=and

60億＋10億＝70億

▶ Six billion plus one billion is seven billion.

100億＋300億＝400億

▶ Ten billion plus thirty billion is forty billion.

50億－30億＝20億

▶ Five billion minus three billion is two billion.

300億－200億＝100億

▶ Thirty billion minus twenty billion is ten billion.

300億×2＝600億

▶ Thirty billion times two is sixty billion.

1,250億×3＝3,750億

▶ One H (&) twenty-five billion times three is three H (&) seventy-five billion.

1,000億÷5＝200億

▶ One H billion divided by five is twenty billion.

8,940億÷2＝4,470億

▶ Eight H (&) ninety-four billion divided by two is four H (&) forty-seven billion.

英文で言ってみよう

Track 20

The company reported a loss of 3,000,000,000 pounds last year.
three billion

その会社は昨年30億ポンドの損失を計上した。

Bilateral trade was recorded at 50,000,000,000 dollars in **2017**.
fifty billion
twenty seventeen / two thousand (and) seventeen

2017年の二国間貿易総額は500億ドルを記録した。

＊ bilateral（二国間の）→p. 178参照

Regional trade expanded to 700,000,000,000 euros last year.
seven hundred billion

域内貿易は昨年7,000億ユーロまで拡大した。

The Supreme Court ordered the company to pay 120,000,000,000 yen to the plaintiffs.
one/a hundred (and) twenty billion

最高裁は会社に対して原告団への1,200億円の支払いを命じた。

＊ plaintiff（原告）

The company decided to acquire the Japanese enterprise for 600,000,000,000 yen.
six hundred billion

会社は日本企業を6,000億円で買収することを決めた。

The government provided subsidies of 15,000,000,000 yen to the local governments.
fifteen billion

政府は地方自治体に対して150億円の補助金を与えた。

＊ subsidies（補助金）

The Japanese government announced

760,000,000,000 yen in aid for infrastructure

seven hundred (and) sixty billion

development in Asia.

日本政府はアジアにおけるインフラ整備のための補助金7,600億円を発表した。

The current population of China is estimated to be

1,440,000,000 people.

one/a billion four hundred (and) forty million

現在の中国の人口は約14億4000万人だと推定されています。

Column 天文学的数字

billion（十億）の上はtrillion（一兆）、quadrillion（千兆）、quintillion（百京）があります。しかし、どんな大手企業に勤めている人であっても、業務上trillion（一兆）以上の数字を使う機会はめったにないでしょう。確かに年間売上高がゆうに1兆円を超える国際的企業は多く存在しますが、それを海外のパートナーに伝える際はドル建てで伝えるほうがスマートです（1兆円ならabout 10 billion dollars）。

quadrillion（千兆）については日本人として覚えておくべき「不名誉な良文」を1つ紹介しましょう。

Japan's public debt exceeds 1,000,000,000,000,000 yen.

one quadrillion

日本の債務は1千兆円超えだ。

小数

Track 21

Check! 数字の読み方をチェック

0.7	(zero) point seven
0.86	(zero) point eight six
1.5	one point five
20.2	twenty point two
99.9	ninety-nine point nine
42.195	forty-two point one nine five
3.14159	three point one four one five nine

Tips 読み方のポイント

小数を読む場合、小数点より左の整数部分は通常通り読みますが、小数点(point)以下は数字を1つずつ読みます。ちなみに一の位が0の場合、zeroを省略してpoint ～から言ってもOKです。小数はChapter 5で紹介する数量単位を表す語とセットで使われることが多いですが、前項で学んだmillionやbillionなどの大きな数字を簡潔に言うときにもよく使います。この、大きな数字の小数表現は、日常会話では小数第一位までが一般的です。

9,900,000,000 nine billion nine hundred million

（長いし、billionとmillionが両方入っていてややこしい！）

└→9.9 billion nine point nine billion

これですっきり！

数字を読むときの小数点の読み方はpointですが、「小数点」という単語はdecimal pointまたはdecimal separatorと言います。

☑ どんどん言ってみよう

1.1, 1.2, 1.3, … 1.7, 1.8, 1.9

10.19, 10.18, 10.17, … 10.13, 10.12, 10.11

5,100,000,000, 5,200,000,000, 5,300,000,000, …

5,700,000,000, 5,800,000,000, 5,900,000,000（小数表現で）

☑ 計算式を英語で言ってみよう

1.1 + 2.3 = 3.4

▶ One point one plus two point three is three point four.

12.5 + 32.8 = 45.3

▶ Twelve point five plus thirty-two point eight is forty-five point three.

5.4 – 3.2 = 2.2

▶ Five point four minus three point two is two point two.

33.3 – 22.2 = 11.1

▶ Thirty-three point three minus twenty-two point two is eleven point one.

5.2 × 3.5 = 18.2

▶ Five point two times three point five is eighteen point two.

2.5 × 2.5 = 6.25

▶ Two point five times two point five is six point two five.

6.24 ÷ 2 = 3.12

▶ Six point two four divided by two is three point one two.

18.66 ÷ 6 = 3.11

▶ Eighteen point six six divided by six is three point one one.

英文で言ってみよう

Track 22

＊ここでは小数表現を使って大きな数字を言う練習をしましょう。

I bought a new car for **2,300,000** yen.
2.3 million (two point three million)

私は新車を230万円で買いました。

We spent **5,500,000** yen on our wedding and honeymoon trip.
5.5 million (five point five million)

私たちは結婚式とハネムーン旅行に550万円も費やしました。

The company donated **4,300,000** dollars to help those affected by the disaster.
4.3 million (four point three million)

その会社は災害被災者の支援のために430万ドルを寄付した。

The population of Tokyo is estimated at **13,900,000**.
13.9 million (thirteen point nine million)

東京の人口は1,390万人と推計されている。

China's population is above **1,400,000,000**.
1.4 billion (one point four billion)

中国の人口は14億人超えです。

The world population is estimated at **7,800,000,000**.
7.8 billion (seven point eight billion)

世界の人口は78億人と推計されている。

He bought a private jet for **59,900,000** dollars.
59.9 million (fifty-nine point nine million)

彼は5,990万ドルで自家用ジェット機を買った。

A vintage car was sold at **38,100,000** dollars.
38.1 million (thirty-eight point one million)

ビンテージ・カーは3,810万ドルで売られた。

The world's largest blue diamond was sold at the auction for

57,500,000 dollars.
57.5 million (fifty-seven point five million)

世界最大のブルーダイヤはオークションで5,750万ドルで売られた。

In **2015**, Portugal's GDP was about **198,900,000,000** euros.
twenty fifteen / two thousand (and) fifteen
198.9 billion (one hundred [and] ninety-eight point nine billion)

2015年のポルトガルのGDPは約1,989億ユーロでした。

The population of Japan is around **125,500,000**.
125.5 million (one hundred [and] twenty-five point five million)

日本の人口は約1億2550万人です。

The earth is about **149,600,000** kilometers away from the sun.
149.6 million (one hundred [and] forty-nine point six million)

地球は太陽から約1億4960万キロ離れています。

Column 小数に関する英語表現

「小数点を切り捨てる」
round down the decimal places
「小数点以下を切り上げる」
round up to the nearest whole number
「小数第2位を切り上げる」
round up to the first decimal place
「小数第3位以下を四捨五入する」
round off to the second decimal place

正の数と負の数

Track 23

Check! 数字の読み方をチェック

−5	negative five / minus five
−4	negative four / minus four
−3	negative three / minus three
−2	negative two / minus two
−1	negative one / minus one
(+)1	positive one / plus one
(+)2	positive two / plus two
(+)3	positive three / plus three
(+)4	positive four / plus four
(+)5	positive five / plus five

Tips 読み方のポイント

正数をpositive number、負数をnegative numberと言います。positiveもnegativeも、日本語にないヴの音で終わりますので、きれいに言えるように練習しましょう。vの音をきれいに発音するためには、下唇に上の歯を乗せて前歯が少しだけ見えるような形にし、息を吐き出してください。摩擦によって下唇が震えてかゆくなります。それがvの音です。

マイナスには数式における「引く」という意味もあります。minusと聞こえたら、−5(minus five)のような負の数のことか、5を引くという意味かを聞いて判断しましょう。なお、正の数だけについて話すときにはpositiveは省略されます。positive numberの場合は100をa hundredと言うこともありますが、negative numberの場合はnegative a hundredとは言わずnegative one hundredと言うのが一般的です。

どんどん言ってみよう

−2, −4, −6, −8, −10, −12, −14, −16, −18, −20

−3, −6, −9, −12, −15, 3, 6, 9, 12, 15

2, −4, 6, −8, 10, −12, 14, −16, 18, −20（正の数と負の数を交互に）

11, −12, 13, −14, 15, −16, 17, −18, 19

−10,000, −1,000, −100, −10, 10, 100, 1,000, 10,000（難）

計算式を英語で言ってみよう

$-8+(-4)=-12$

▶ Negative eight plus negative four is negative twelve.

$-2+8=6$

▶ Negative two plus (positive) eight is (positive) six.

$9+(-10)=-1$

▶ (Positive) nine plus negative ten is negative one.

$-4-1=-5$

▶ Negative four minus (positive) one is negative five.

$-7-9=-16$

▶ Negative seven minus (positive) nine is negative sixteen.

$-1-(-6)=5$

▶ Negative one minus negative six is (positive) five.

$-3 \times 4=-12$

▶ Negative three times (positive) four is negative twelve.

$-2 \times -5=10$

▶ Negative two times negative five is (positive) ten.

$-8 \times -1=8$

▶ Negative eight times negative one is (positive) eight.

$(-4) \div (-4)=1$

▶ Negative four divided by negative four is (positive) one.

$16 \div (-4)=-4$

▶ (Positive) sixteen divided by negative four is negative four.

$-18 \div (-2)=9$

▶ Negative eighteen divided by negative two is nine.

英文で言ってみよう

Track 24

＊マイナス記号の読み方としてnegativeもminusも使われますが、下記の例文は出入金の話なので、「減った」というニュアンスがあるminusを使って読むのが自然です。

あなた：Can you read off the bank statement for me?

その銀行の明細を読み上げてくれる？

同僚：Sure. −30,400 (Minus thirty thousand four hundred) yen, 610,140 (six hundred (and) ten thousand one hundred (and) forty) yen, −50,000 (minus fifty thousand) yen, −16,200 (minus sixteen thousand two hundred) yen, 250,000 (two hundred (and) fifty thousand) yen, and −111,050 (minus one hundred (and) eleven thousand (and) fifty) yen.

ええ。マイナス30,400円、610,140円、マイナス50,000円、マイナス16,200円、250,000円、そしてマイナス111,050円です。

あなた：Let's check our cash flow. Can you read off the sales and then the expenses for March 12?

キャッシュフローを確認しましょう。まずは3月12日の売上を、そして次に出費を読み上げてくれる？

同僚：Yes. Sales from lessons were 22,000 (twenty-two thousand) yen, 19,800 (nineteen thousand eight hundred) yen, and 24,800 (twenty-four thousand eight hundred) yen. −312 (minus three hundred (and) twelve) yen for toilet paper and −13,000 (minus thirteen thousand) yen for our workbooks.

はい。レッスンの売上は22,000円、19,800円、そして24,800円でした。トイレットペーパー代がマイナス312円、ワークブック代がマイナス13,000円。

Column　マイナス表記を見かける場所

マイナスの数字を日常生活で見かける場所はそんなに多くありません。気温、海抜、クレジットカードなどの明細書、貸借対照表や損益計算書など会計部門が扱う資料、減点があるゲームなどのスコアシート、まれに建物の地下の階の表記くらいでしょうか。あまり口頭で使う場面は少ないかもしれませんが、いざというときすぐにnegativeやminusが口から出てくるように練習しておきましょう。

Column　気温に関する表現

気温に関しては負の値を表現する方法がいろいろと許容されています。マイナス5度と言いたいときには、日本語同様にminus 5 degreesのように述べることができます。また、It's negative 5 degrees.と言う人もいます。アメリカの天気予報を見ていると、5 below zeroという表現が圧倒的に頻出なので、気象予報士やニュースキャスターはminusでもnegativeでもなく、below zeroという表現を好むことがわかります。(→p. 160、p. 208)

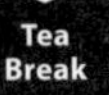

おまけ：効果バッチリ倍数トレーニング

おまけ、と呼ぶにはもったいないくらい効果絶大の練習方法の1つに、倍数を言ってみるトレーニングがあります。この最大のメリットは「テキストいらず」で、いつでもどこでもできることです。たとえば「2の倍数」であれば2, 4, 6 …と数字を延々と言うだけなのですが、7や9などの倍数などは難易度が上がります。算数の苦手な人なら2・5・10の倍数、自信のある人は3・4などの倍数にチャレンジしてもいいでしょう。テキストいらずですから、電車の中や、風呂の中、食事の準備中など、様々なシチュエーションで練習が可能です。

このトレーニングのポイントは、事前に目標を設定することです。設定の際には、「30秒間で」「1分間で」など時間制限をつけ、「2の倍数を100まで」といった数の上限を決めます。そして「2の倍数を1分間で170まで言えた」が初回の記録なら、次はもっと多く言えるよう目指すとか、「1、2、3、と数えて100まで40秒で言えた」ならさらに時間短縮を目指すなど、記録を取りましょう。いずれも私（北浦）のベスト記録ですので、ぜひ記録破りに挑戦してみてください。私は算数・数学は苦手なので、「7の倍数を1分間で105まで」の記録には皆さんのほうが勝つかもしれません。はい、途中で計算ミスをしてしまいました！　しかし、ここは重要なポイントですが、仮に間違った計算の数字を言い続けていたとしても数字を言う練習をしていることに変わりはないので、効果に影響はまったくありません。ご安心を。

CHAPTER 2

年号・時刻・電話番号

ここまでは数の基本の読み方を練習してきましたが、このチャプターでは読み方が少し異なる番号や年号などについて練習します。

3桁の数字(番号)

Track 25

Check! 数字の読み方をチェック

	パターン①	パターン②
123	one two three	one twenty-three
456	four five six	four fifty-six
234	two three four	two thirty-four
345	three four five	three forty-five
567	five six seven	five sixty-seven
987	nine eight seven	nine eighty-seven

＊ここではパターン②の読み方で練習します。

Tips 読み方のポイント

Chapter 1で見てきたように、たとえば615はsix hundred (and) fifteenという読み方をしました。しかしホテルの「615号室」は、その部屋につけられた「番号」(名前)と捉えます。海外では13が忌み数であることから13階がなかったり、日本でも一の位が4の号室を設置しないような例もあります。ですから、「番号」はChapter 1の「数」とは性質が異なり、読み方も変わります。

615を「番号」として読むとすると、①個別に数字を読み上げる(six one five)、②下から2桁ずつを1つの単位として読み上げる(six fifteen)の2パターンあります。ここでは②のパターンで練習しましょう。

どんどん言ってみよう

121, 122, 123, ... 127, 128, 129（一の位を変化）

311, 321, 331, ... 371, 381, 391（十の位を変化）

135, 235, 335, ... 735, 835, 935（百の位を変化）

511, 522, 533, ... 577, 588, 599（一・十の位はゾロ目）

パターンで言ってみよう

My room number is 346.
▸私の部屋番号は346です。three forty-six

Your room number is 834.
▸あなたの部屋番号は834です。eight thirty-four

His room number is 237.
▸彼の部屋番号は237です。two thirty-seven

It's on page 344.
▸344ページに載っています。three forty-four

It's on page 455.
▸455ページに載っています。four fifty-five

It's on page 899.
▸899ページに載っています。eight ninety-nine

My ID number is 589.
▸私のID番号は589です。five eighty-nine

Your ID number is 845.
▸私のID番号は845です。eight forty-five

Her ID number is 673.
▸彼女のID番号は673です。six seventy-three

My locker number is 476.
▸私のロッカー番号は476です。four seventy-six

Your locker number is 198.
▸あなたのロッカー番号は198です。one ninety-eight

His locker number is 142.
▸彼のロッカー番号は142です。one forty-two

英文で言ってみよう

Track 26

I'm calling from room 456.
four fifty-six

(ホテルで)456号室から連絡しています。

He's staying at room 235.
two thirty-five

彼は235号室に泊まっています。

Your room number is 568, sir.
five sixty-eight

お客様の部屋番号は568号室でございます。

Sorry, room 865 is occupied.
eight sixty-five

申し訳ありません、865号室は使用中です。

Can you call up room 398, please?
three ninety-eight

398号室を呼び出してくれますか。

Could you send over a porter to room 657, please?
six fifty-seven

657号室にポーターを送ってもらえますか。

Could you deliver this file to room 345?
three forty-five

この書類を345号室に届けてもらえますか。

I changed my room from 123 to 321.
one twenty-three three twenty-one

私は部屋を123号室から321号室に替えました。

It's on page 123 or 999.
one twenty-three nine ninety-nine

123ページか999ページに載っています。

It's written in Chapter 147.
one forty-seven

それは147章に書いてあります。

Open your textbook to page 313.
three thirteen

教科書の313ページを開いてください。

Our homework is to read from page 234 to 282.
two thirty-four two eighty-two

私たちの宿題は234ページから282ページまでを読むことです。

Can you make photocopies of pages 215 and 333?
two fifteen three thirty-three

215ページと333ページのコピーを取ってくれますか。

Column **アメリカ英語とイギリス英語の違い③ 建物の階数**

これはご存じの方も多いと思いますが、ホテルやビルなどの建物の「1階」と言うとき、米式と英式とで表現の仕方が変わります。

米：first floor（1階）、second floor（2階）
英：ground floor（1階）、first floor（2階）

イギリスだけでなく、ヨーロッパや、英国式のシステムを取り入れている香港などでも、1階はground floorです。

4桁の数字(年号)

Track
27

Check! 数字の読み方をチェック

1192	eleven ninety-two
1387	thirteen eighty-seven
1512	fifteen twelve
1894	eighteen ninety-four
1945	nineteen forty-five
2001	two thousand (and) one
2008	two thousand (and) eight
2013	twenty thirteen / two thousand (and) thirteen
2019	twenty nineteen / two thousand (and) nineteen

Tips 読み方のポイント

4桁の数字、と聞けばもっとも身近なのが西暦の年号でしょう。読み方は、p. 62の3桁の読み方同様、基本的に、

19 85
nineteen eighty-five

と下から2桁ごとに区切って読みます。2000年は(year) two thousandと言い、2001年から2009年までは

20 01 から 20 09
two thousand (and) one two thousand (and) nine

と呼ぶ人が多いです。2010年から2019年まではtwo thousand (and) tenとtwenty tenの2つの呼び方があり、2015年以降は

20 15
twenty fifteen

と呼ばれることが多いようです。(→p. 69参照)

どんどん言ってみよう

1310, 1311, 1312, … 1318, 1319, 1320

1520, 1530, 1540, … 1570, 1580, 1590

1911, 1922, 1933, … 1977, 1988, 1999

2001, 2002, 2003, … 2007, 2008, 2009

パターンで言ってみよう

I was born in 1972.
▶私は1972年に生まれました。nineteen seventy-two

My father was born in 1947.
▶私の父は1947年に生まれました。nineteen forty-seven

My grandmother was born in 1922.
▶私の祖母は1922年に生まれました。nineteen twenty-two

He died in 1892.
▶彼は1892年に死にました。eighteen ninety-two

He passed away in 1983.
▶彼は1983年に亡くなりました。nineteen eighty-three

She passed away in 1858.
▶彼女は1858年に亡くなりました。eighteen fifty-eight

The restaurant opened in 1999.
▶そのレストランは1999年にオープンしました。nineteen ninety-nine

The company was founded in 1913.
▶その会社は1913年に設立されました。nineteen thirteen

The school was established in 2015.
▶その学校は2015年に設立されました。twenty fifteen / two thousand (and) fifteen

The shop closed in 2005.
▶その店は2005年に閉店しました。two thousand (and) five

The company went bankrupt in 2007.
▶その会社は2007年に倒産しました。two thousand (and) seven

The school was closed in 2011.
▶その学校は2011年に閉校しました。two thousand (and) eleven

英文で言ってみよう

Track 28

I graduated from university in 1994.
nineteen ninety-four

私は1994年に大学を卒業しました。

According to historians, the Kamakura government was established in 1185.
eleven eighty-five

歴史学者たちによると、鎌倉幕府は1185年に設立されました。

World War II ended in 1945.
two / nineteen forty-five

第二次世界大戦は1945年に終わりました。

The Tokyo Olympics were held in 1964.
nineteen sixty-four

東京オリンピックは1964年に開催されました。

Japan experienced an economic bubble from 1986 to 1991.
nineteen eighty-six nineteen ninety-one

日本は1986年から1991年の間、バブル景気を経験しました。

I was born in 1972.
nineteen seventy-two

私は1972年に生まれました。

I joined this company in 1982.
nineteen eighty-two

私は1982年にこの会社に入りました。

I resigned my job in 2008.
two thousand (and) eight

私は2008年に仕事を辞めました。

We got married in 2010.
twenty ten / two thousand (and) ten

私たちは2010年に結婚しました。

My wife left me in **2014**.
twenty fourteen / two thousand (and) fourteen

妻は2014年に私のもとを去りました。

The company was founded in **2017**.
twenty seventeen / two thousand (and) seventeen

その会社は2017年に設立されました。

They had their first baby in **2020**.
twenty twenty / two thousand (and) twenty

彼らにとって最初の子どもが2020年に生まれました。

Column 2000年代以降は読み方が2種類ある!?

年号が4桁になった11世紀に入ってから20世紀までの約千年間は、年号を2桁に分けて発音するというのが読み方の基本でした。2000年に入ってからは、two thousand ～の読み方が主流に変わりました。たとえば、2000年に入ってすぐは2020年をtwo thousand (and) twentyと呼ぶ人が圧倒的に多かった印象です。ところが2015年以降頃から2020年をtwenty twentyと呼ぶ人が増えており、2021年以降については1900年代同様の読み方でtwenty twenty-oneと呼ぶ人がかなり増えた印象です。

ちなみに、22世紀入りはまだまだ先ですが、2101年はtwo thousand one hundred (and) oneと呼ぶのは長くてゴロが悪いので、twenty-one oh oneと呼ぶ人が多くなるのではないでしょうか。(→ p. 78参照)

時刻①（時計の基本の読み方）

Track 29

Check! 数字の読み方をチェック

2:00	two (o'clock)
4:00	four (o'clock)
6:00 a.m.	six a.m.
8:00 p.m.	eight p.m.
1:15	one fifteen
3:20	three twenty
5:25	five twenty-five
9:45	nine forty-five
12:55	twelve fifty-five

Tips 読み方のポイント

「○時ちょうど」のときは、o'clock（of the clockの略）をつけたり、または数字のみで読んだり、さらには午前（a.m.）または午後（p.m.）がついていれば「エー・エム」「ピー・エム」とその通りに読みます（o'clockは省略）。「○時15/30/45分」などは別の特殊な読み方もあります（→p. 120参照）。なお、13:00のような24時間表記はイギリスでは見かけますが、アメリカではmilitary timeと呼ばれており、軍以外では基本的に使われていません。イギリスのように13:00の表記を使う場所でも、読むときにはthirteen o'clockではなく、one o'clockまたはone p.m.のように読みます。

どんどん言ってみよう

1:00, 2:00, 3:00, … 10:00, 11:00, 12:00（o'clockを使って）

1:15, 2:15, 3:15, … 10:15, 11:15, 12:15

3:30, 3:31, 3:32, … 3:37, 3:38, 3:39

7:10, 7:20, 7:30, 7:40, 7:50

パターンで言ってみよう

It's 5:00 (o'clock). ▶5時です。five
It's 6:00 (o'clock). ▶6時です。six
It's 7:00 (o'clock). ▶7時です。seven
It's 8:00 (o'clock). ▶8時です。eight

It's 2:00 a.m. ▶午前2時です。two
It's 4:00 a.m. ▶午前4時です。four
It's 5:00 a.m. ▶午前5時です。five

It's 9:00 p.m. ▶午後9時です。nine
It's 11:00 p.m. ▶午後11時です。eleven
It's 1:00 a.m. ▶午前1時です。one

It's 5:15. ▶5時15分です。five fifteen
It's 7:35. ▶7時35分です。seven thirty-five
It's 8:45. ▶8時45分です。eight forty-five

It's 15:00. ▶午後3時です。three
It's 18:00. ▶午後6時です。six
It's 21:20. ▶午後9時20分です。nine twenty
It's 23:55. ▶午後11時55分です。eleven fifty-five

英文で言ってみよう

Track 30

It's already 8:00!
eight (o'clock)

もう8時だよ！

Let's leave here at 7:00.
seven (o'clock)

ここを7時に出発しよう。

I have to be there by 9:00.
nine (o'clock)

私はそこに9時までにいない（行かない）といけません。

I wake up at 5:30 a.m. every morning.
five thirty

私は毎朝午前5時半に起きます。

I go to bed at 9:00 p.m. every day.
nine

私は毎日午後9時にベッドに入ります。

The shop opens at 10:30.
ten thirty

お店は10時半に開店します。

The restaurant closes at 11:30 p.m.
eleven thirty

レストランは午後11時半に閉店します。

The train will depart at 2:35.
two thirty-five

電車は2:35に発車します。

My flight is at 4:53.
four fifty-three

私のフライトは4:53発です。

I think we can reach there by 9:42.
nine forty-two

そこには9:42までには着けると思います。

We're supposed to be there by 3:15.
three fifteen

私たちはそこに3:15までにいないといけません。

My grandfather's operation will begin at 14:00.
two (o'clock)

祖父の手術は午後２時から始まります。

The emergency call was made at 17:48.
five forty-eight

救急を呼ぶ電話が午後5時48分にありました。

The last bus leaves at 22:23.
ten twenty-three

最終バスは午後10時23分に出発します。

Column **a.m./p.m.、BC/AD って何？**

「午前」のa.m.（またはA.M.）はラテン語のante meridiemの略で、「午後」のp.m.（またはP.M.）はpost meridiemの略です。anteは「〜の前」、postは「〜の後」、meridiemは「正午」を表します。

「紀元前」のBC（またはB.C.）はイエス・キリストの誕生前を意味するBefore Christの略で、「紀元後」のAD（またはA.D.）はラテン語のAnno Domini（主イエス・キリストの年）に由来します。

0（ゼロ）を含む電話番号

Check! 数字の読み方をチェック

0	zero
03-	zero, three
03-120-	zero, three / one, two, zero
03-120-3405	zero, three / one, two, zero / three, four, zero, five
090-90-60543	zero, nine, zero / nine, zero / six, zero, five, four, three

＊0は「ズィーロゥ」とも「オゥ」とも読みます。

Tips 読み方のポイント

0（ゼロ）は「zero」（ズィーロゥ）以外に、アルファベットのOに似ていることから「oh」（オゥ）とも発音されることは知っている方も多いかもしれません。ただし、0単体の場合や数式の0はzeroと発音します。電話番号など、独立した数字の羅列の場合は、zeroかohかに決まりはありません。ただし「一般的にこのように言う」と地域によって暗黙の了解となっていることがありますので、海外にいる場合はその地域のスタンダードに合わせて言うとよいでしょう。たとえば、アメリカのロサンゼルス地区の市外局番の310はほとんどの人がthree, one, ohと読みます。

ここではzeroの発音練習のためと割り切って、zeroでやってみましょう。電話番号の１つひとつの数字を読み上げるときは、「相手にしっかり確実に伝える」を強く意識しながら、それぞれの数字の語尾の発音は「口を濁さず、ビシッと止める」で発音するようにしましょう。

どんどん言ってみよう

010, 020, 030, … 070, 080, 090

101, 102, 103, … 107, 108, 109

409, 408, 407, … 403, 402, 401

パターンで言ってみよう

The area code of Tokyo is 03.
▶東京の市外局番は03です。zero, three

The area code of Yokohama is 045.
▶横浜の市外局番は045です。zero, four, five

The area code of Osaka is 06.
▶大阪の市外局番は06です。zero, six

The area code of Fukuoka is 092.
▶福岡の市外局番は092です。zero, nine, two

The area code of Seoul is 02. ▶ソウルの市外局番は02です。zero, two

The area code of Beijing is 010. ▶北京の市外局番は010です。zero, one, zero

The area code of Bangkok is 02. ▶バンコクの市外局番は02です。zero, two

The area code of Kuala Lumpur is 03.
▶クアラルンプールの市外局番は03です。zero, three

The area code of London is 020.
▶ロンドンの市外局番は020です。zero, two, zero

The area code of Paris is 01.
▶パリの市外局番は01です。zero, one

The area code of Brussels is 02.
▶ブラッセルの市外局番は02です。zero, two

The area code of Dusseldorf is 0211.
▶デュッセルドルフの市外局番は0211です。zero, two, one, one

The area code of Hawaii is 808.
▶ハワイの市外局番は808です。eight, zero, eight

The area code of Alaska is 907.
▶アラスカの市外局番は907です。nine, zero, seven

The area code of Vancouver is 604.
▶バンクーバーの市外局番は604です。six, zero, four

英文で言ってみよう

Track 32

＊ここで掲載している電話番号は、警察と天気予報以外すべて架空のものです。

Japan's police emergency number is **110**.
one, one, zero

日本の警察の緊急電話番号は110です。

You can listen to the weather forecast if you dial **177**.
one, seven, seven

177に電話をかければ天気予報が聞けます。

If it's not urgent, the police encourage people to dial **#9110**.
pound, nine, one, one, zero

緊急でなければ、警察は#9110をダイヤルすることを推奨しています。

My house phone number is **045-098-2013**.
zero, four, five / zero, nine, eight / two, zero, one, three

私の家の電話番号は045-098-2013です。

My cellphone number is **090-4509-3401**.
zero, nine, zero / four, five, zero, nine / three, four, zero, one

私の携帯電話番号は090-4509-3401です。

My cellphone number is **090-5090-1092**.
zero, nine, zero / five, zero, nine, zero / one, zero, nine, two

私の携帯電話番号は090-5090-1092です。

My cellphone number is **080-4091-0303**.
zero, eight, zero / four, zero, nine, one / zero, three, zero, three

私の携帯電話番号は080-4091-0303です。

Our toll free number is **0120-990-909**.
zero, one, two, zero / nine, nine, zero / nine, zero, nine

私どもの無料電話番号は0120-990-909です。

Is your phone number **03-2030-0901**?
zero, three / two, zero, three, zero / zero, nine, zero, one

そちらの電話番号は03-2030-0901ですか？

No, our number is **03-2030-0910**.
zero, three / two, zero, three, zero / zero, nine, one, zero

いいえ、こちらの番号は03-2030-0910です。

Our fax number is **06-3009-0080**.
zero, six / three, zero, zero, nine / zero, zero, eight, zero

弊社のファクス番号は06-3009-0080です。

The restaurant's number is **011-124-9671**.
zero, one, one / one, two, four / nine, six, seven, one

レストランの番号は011-124-9671です。

Our landline number is **048-111-1145**.
zero, four, eight / one, one, one / one, one, four, five

私たちの固定電話の番号は048-111-1145です。

＊ landline（固定電話）

Please call customer support at **0120-545-5921**.
zero, one, two, zero / five, four, five / five, nine, two, one

0120-545-5921のお客様センターに電話してください。

Column

アメリカ英語とイギリス英語の違い④ ゼロの読み方

イギリス英語では、会話で「ゼロ」をnoughtまたはnaught（ノート）と言うこともあります。たとえば0.5の場合、nought point fiveです。また0.05の最初のゼロを省略してpoint nought fiveのように表現することもあります。

もう１つ、イギリス英語特有の表現がnil（ニル）です。サッカーなどの試合でのゼロ得点を表し、0–0はnil-nilとなります。

3桁・4桁の数字②（ゼロを含んだ番号・年号など）

Track 33

Check! 数字の読み方をチェック

101	one oh one
405	four oh five
609	six oh nine
806	eight oh six
1104	eleven oh four
1309	thirteen oh nine
1807	eighteen oh seven
1906	nineteen oh six

＊ここでは0の発音は「oh」（オゥ）で表記

Tips 読み方のポイント

p.74で、0（ゼロ）は「ズィーロゥ」とも「オゥ」とも読むとご説明しましたが、**部屋番号、暗号や年号などに含まれる0は「オゥ」の発音を優先させる**場合が多くなります（もちろん「ズィーロゥ」でもOKです）。今回は、0を「オゥ」の読み方で練習することにしましょう。

一の位がゼロの場合（10–90）は、十の位の数字とセットで通常の数字読みをします（例：120はone twenty）。4桁の場合の、左側の2桁も同様です（例：1002はten oh two）。

まずはどのように数字を区切るかを考えます。たとえば、部屋番号は多くの場合、最初の1桁または2桁が部屋の階を示します。その階で区切って、後ろについている数字が01から09までならば、ohを使います（例：305は3階の05室なのでthree oh five、1102は11階の02号室なのでeleven oh two）。

どんどん言ってみよう

101, 102, 103, ... 107, 108, 109

509, 508, 507, ... 503, 502, 501（大→小）

1101, 1102, 1103, ...1107, 1108, 1109

1909, 1908, 1907, ... 1903, 1902, 1901（大→小）

パターンで言ってみよう

＊ここでは0は「オゥ」と発音しよう。

My room number is 206.
▶私の部屋番号は206です。two oh six

Your room number is 401.
▶あなたの部屋番号は401です。four oh one

Her room number is 907.
▶彼女の部屋番号は907です。nine oh seven

My password is 309.
▶私のパスワードは309です。three oh nine

Your password is 107.
▶あなたのパスワードは107です。one oh seven

His password is 504.
▶彼のパスワードは504です。five oh four

He was born in 1609.
▶彼は1609年に生まれました。sixteen oh nine

She was born in 1801.
▶彼女は1801年に生まれました。eighteen oh one

He was born in 1702.
▶彼は1702年に生まれました。seventeen oh two

She died in 1903.
▶彼女は1903年に亡くなりました。nineteen oh three

He died in 1807.
▶彼は1807年に亡くなりました。eighteen oh seven

She died in 1706.
▶彼女は1706年に亡くなりました。seventeen oh six

英文で言ってみよう

Track
34

Benjamin Franklin was born in 1706.
seventeen oh six

ベンジャミン・フランクリンは1706年に生まれた。

Hans Christian Andersen was born in 1805.
eighteen oh five

ハンス・クリスチャン・アンデルセンは1805年に生まれた。

Glenn Miller was born in 1904.
nineteen oh four

グレン・ミラーは1904年に生まれた。

Christian Dior was born in 1905.
nineteen oh five

クリスチャン・ディオールは1905年に生まれた。

Yukichi Fukuzawa died in 1901.
nineteen oh one

福澤諭吉は1901年に亡くなった。

Levi Strauss died in 1902.
nineteen oh two

リーバイ・ストラウスは1902年に亡くなった。

Hirobumi Itoh was assassinated in 1909.
nineteen oh nine

伊藤博文は1909年に暗殺された。

Jules Verne died in 1905.
nineteen oh five

ジュール・ヴェルヌは1905年に亡くなった。

Galileo Galilei made his first telescope in 1609.
sixteen oh nine

ガリレオ・ガリレイは1609年に初めて望遠鏡を自作した。
＊ telescope（望遠鏡）

The Mongol Empire was established in **1206**.
twelve oh six

モンゴル帝国は1206年に創設された。

Napoleon established the First French Empire in **1804**.
eighteen oh four

ナポレオンは1804年にフランス第一帝政を樹立した。

The last eruption of Mount Fuji was in **1707**.
seventeen oh seven

富士山の最後の噴火は1707年だ。

Japan and Russia entered into war in **1904**.
nineteen oh four

日本とロシアは1904年に戦争に突入した。

The Wright brothers made the first successful airplane flight in **1903**.
nineteen oh three

ライト兄弟は1903年に飛行機による初飛行を成功させた。

Column 手書きの数字を"解読"する方法

パソコンの文字などと違い、手書きの値札や領収証など、クセの出やすい手書きの数字が読めなくて困った経験をした方もいるかもしれません。

写真のレシートの真ん中に書いてある数字が読めますか？　答えは£5.70（5.70ポンド）です！

特に「7」については、海外では横に線の入った「7」をよく見かけます。線が入っていれば「7」のことだとわかるのですが、そうでない場合は「1」との見分けがつきにくいかもしれません。

そんなときは、Is this 10 (ten) or 70 (seventy)? と聞いてしまうのが一番です！

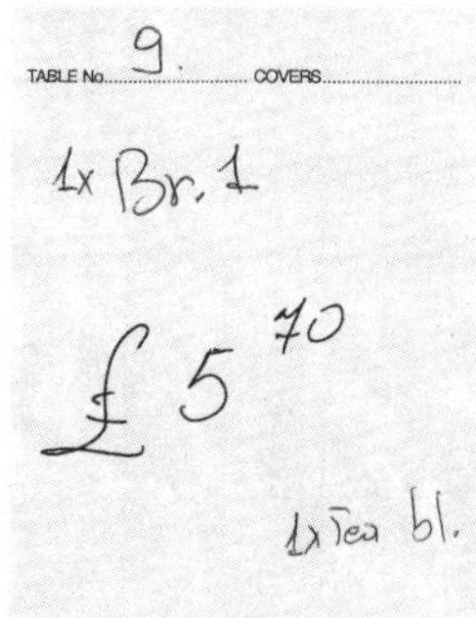

ロンドンのパブの手書きレシート。Br.はEnglish breakfast、Tea bl.はblack tea（紅茶）のこと。

長めの番号（シリアル番号やクレジットカード番号など）

Track 35

Check! 数字の読み方をチェック

12-34-56	one, two, dash, three, four, dash, five, six
78-90-12	seven, eight, dash, nine, zero, dash, one, two
123-456	one, two, three, dash, four, five, six
789-012	seven, eight, nine, dash, zero, one, two

Tips 読み方のポイント

電話番号を読むときには数字をそのまま読み上げ、ハイフンは読み上げません（→ pp. 74–75）。しかし、製品番号、シリアル番号、クレジットカード番号などの連続する数字を読み上げるときには、数字をそのまま読み上げる点は同じですが、ハイフンを**dash**（**ダーシュッ**）と読みます（省略する場合もあります）。発音はダッシュと短く言うよりもダーシュッというように、daを少々長めに言いましょう。

また、桁のことをdigit（ディジットゥ）と言います。What's the eight-digit product number?と聞かれたら、「8桁の商品番号は何ですか？」という意味です。

どんどん言ってみよう

12-34-56, 78-90-12, 34-56-78, 90-12-34, 56-78-90, 12-34-56
98-76-54, 32-10-98, 76-54-32, 10-98-76, 54-32-10, 98-76-54
123-456-789, 012-345-678, 901-234-567, 890-123-456, 789-012-345, 678-901-234
987-654-321, 098-765-432, 109-876-543, 210-987-654, 321-098-765, 654-321-098

パターンで言ってみよう

＊ここでは、-を省略せず「ダーシュッ」と発音しましょう。

The three-digit security code is 431.
▶3桁のセキュリティコードは431です。 four, three, one

The four-digit security code is 8073.
▶4桁のセキュリティコードは8073です。 eight, zero, seven, three

The five-digit security code is 26387.
▶5桁のセキュリティコードは26387です。 two, six, three, eight, seven

The product number is 56-78-90.
▶商品番号は56-78-90です。 five, six, dash, seven, eight, dash, nine, zero

The product number is 678-901-234.
▶商品番号は678-901-234です。 six, seven, eight, dash, nine, zero, one, dash, two, three, four

The product number is 12345-67890.
▶商品番号は12345-67890です。 one, two, three, four, five, dash, six, seven, eight, nine, zero

The order number is 015-6192-7648.
▶注文番号は015-6192-7648です。 zero, one, five, dash, six, one, nine, two, dash, seven, six, four, eight

The order number is 568-3271-8941.
▶注文番号は568-3271-8941です。 five, six, eight, dash, three, two, seven, one, dash, eight, nine, four, one

The order number is 814-1807-2213.
▶注文番号は814-1807-2213です。 eight, one, four, dash, one, eight, zero, seven, dash, two, two, one, three

英文で言ってみよう

Track 36

The default passcode is **4321**.
four, three, two, one

初期パスコードは4321です。

To unlock the door, touch **67692**.
six, seven, six, nine, two

ドアを解錠するには（タッチパネルの）67692を押してください。

Your six-digit passcode is **230658**.
two, three, zero, six, five, eight

あなたの6桁のパスコードは230658です。

My routing number is **122700110839**.
one, two, two, seven, zero, zero, one, one, zero, eight, three, nine

私の（アメリカの）銀行コードは122700110839です。
* routing number（アメリカの銀行コード）

My student ID number is **8650-5030**.
eight, six, five, zero, dash, five, zero, three, zero

私の学籍番号は8650-5030です。

Your registration number is **0102-9107**.
zero, one, zero, two, dash, nine, one, zero, seven

あなたの登録番号は0102-9107です。

My order number is **38-8042-2027**.
three, eight, dash, eight, zero, four, two, dash, two, zero, two, seven

私の注文番号は38-8042-2027です。

The confirmation number is **5101-3902-1567**.
five, one, zero, one, dash, three, nine, zero, two, dash, one, five, six, seven

私の確認番号は5101-3902-1567です。

My ticket number is **8951-777-1515**.
eight, nine, five, one, dash, seven, seven, seven, dash, one, five, one, five

私のチケット番号は8951-777-1515です。

The number on my receipt is **202018-016-9612**.
two, zero, two, zero, one, eight, dash, zero, one, six, dash, nine, six, one, two

私のレシートに載っている番号は202018-016-9612です。

My laptop's serial number is **9861-1167-0201-8204**.
nine, eight, six, one, dash, one, one, six, seven, dash, zero, two, zero, one, dash, eight, two, zero, four

私のノート型パソコンのシリアル番号は9861-1167-0201-8204です。

Column dash以外の記号が入っている数列

IPアドレスなど、ハイフンではなく「.」が入っている数列があります。この場合は文章で使うperiod（ピリオド）とは呼ばずにdot（ダーットゥ）と呼ぶことが多いです。また、「/」が入っている数列もあります。この記号はslash（スラーッシュ）と呼びます。プログラミングで使うbackslash（\）と対比して、「/」をforward slashと呼ぶこともあります。

007

有名なジェームズ・ボンドこと「007」は、zero zero sevenと発音しても間違いではありませんが、一般的には0（oh）が2つ（ダブル）ということで、double oh sevenと発音されます。

このdouble ohは、他の数字が並んだ場合も同じで、334400ならdouble three, double four, double ohとなります。たとえば電話番号の暗唱でゼロが2つ並んだ場合などに使います。ちなみに3つ続くとdoubleがtriple（トリプル）になります。

私たち日本人にとって007がゼロを使った言い方のほうで定着しているのは、カタカナ発音の「ゼロ・ゼロ・セブン」が「ダブル・オゥ・セブン」より言いやすいからでしょう。ですが、英数字を反復音読練習することで、カタカナ発音の「ダブル・オゥ・セブン」でなく原音のdouble oh seven（より原音に近いカタカナ表記をすれば「ダブロゥ・セヴン」）と言えるようになったとき、私たちにとってもこちらのほうがスタンダードになる日がやってくるかもしれません。ちなみに007という数字配列は、コード（暗号）ネームのことです。

0（零）をゼロと読むかオゥと読むかについては、両方の発音を体得して初めて、ケース・バイ・ケースで「この場合、オゥのほうが何となく言いやすい」「この場合はゼロのほうが口に馴染む」と瞬時に感じたものを使えるようになります。音読練習を重ねることで、私たちもそのレベルまで達成できるようになるのです。

CHAPTER 3

序数・日付・分数

このチャプターでは、数・数字から派生した序数や分数などの言い方を練習します。ほんと、数にまつわる言葉って幅広いですね！

序数（1st–10th）

Check! 数字の読み方をチェック

1st	first	ファースト
2nd	second	セカンド
3rd	third	サード
4th	fourth	フォース
5th	fifth	フィフス
6th	sixth	スィクスス
7th	seventh	セヴンス
8th	eighth	エイス
9th	ninth	ナインス
10th	tenth	テンス

Tips 読み方のポイント

「○番目の」を意味するのが序数です。1st, 2nd, 3rdだけはイレギュラーな語尾がつきますが、4th以降は元の数字にthをつけるだけです（5th はfiveがfifになってthがつき、8th はeightとthのtがくっつきます）。

1st (first) と 3rd (third)、そして 8th (eighth) の語尾の発音は難しいですが、頑張ってやってみましょう。

序数はthe first floor（1階）、the second floor（2階）、the third of June（6月3日）、the fourth of July（7月4日）のようにtheが前につくことが多いです。スムーズに言えるように、the＋序数を言う練習をしてください。

どんどん言ってみよう

1st, 2nd, 3rd, … 8th, 9th, 10th

1st page, 2nd page, 3rd page, … 8th page, 9th page, 10th page

1st floor, 2nd floor, 3rd floor, … 8th floor, 9th floor, 10th floor

パターンで言ってみよう

On the ( ) day of Christmas, my true love sent to me

クリスマスの（　）日目、愛する人が私にくれたのは

(1st)	a (1) partridge in a pear tree	梨の木にとまった1羽のヤマウズラ
(2nd)	2 turtle doves	2羽のコキジバト
(3rd)	3 French hens	3羽のフランスの雌鳥
(4th)	4 calling birds	4羽の歌う鳥
(5th)	5 golden rings	5つの金の指輪
(6th)	6 geese a-laying	6羽の卵を産んでいるガチョウ
(7th)	7 swans a-swimming	7羽の泳いでいる白鳥
(8th)	8 maids a-milking	8人のミルクをしぼっているメイド
(9th)	9 ladies dancing	9人の踊る婦人
(10th)	10 lords a-leaping	10人の飛び跳ねる領主

＊数え歌で有名なクリスマスソング"Twelve Days of Christmas"の歌詞の一部です。On the ( ) day of Christmas…の( )に、1stから順に序数を入れていきます。歌詞の続きはp. 93でご紹介します。Twelve Days of Christmasは12月25日からの12日間、つまり1月6日までの降誕節のことを指しています。

英文で言ってみよう

Track 38

＊序数は文章では first, second, third と書くのがルールですが、
ここでは練習用に数字で表記しています。

This is my 1st time.
first

今回が初めてです。

This is my 2nd try.
second

これが2度目の挑戦です。

I got 3rd place.
third

私は3位に入りました。

This is my 4th visit to London.
fourth

今回が4回目のロンドン訪問です。

His son is a 5th grade elementary student.
fifth

彼の息子は小学5年生です。

My 6th sense told me he is lying.
sixth

私の第六感で、彼がウソをついているとわかった。

Your seat is in the 7th row.
seventh

あなたの席は7列目にあります。

It's her 8th birthday today.
eighth

今日が彼女の8歳の誕生日です。

My office is on the 9th floor of the building.
ninth

私のオフィスはビルの9階にあります。

It's our 10th wedding anniversary today.
tenth

今日は私たちの結婚10周年の記念日です。

Column **英語の数字表記ルール④**
序数はスペルアウトする

序数は、書き言葉ではfirst, second, thirdなどとスペルアウトします。ただし左ページの例文では、練習目的のため1st, 2nd, 3rdと表記しています。

10th以上は基本、数字での表記となります。たとえば16歳になる友人の誕生日のグリーティングカードに書き込むメッセージは、Happy 16th Birthday! となります。Happy Sixteenth Birthdayではちょっと見た目にもわかりづらいですからね。

First StreetやSecond Avenueのように道の名前に序数が入っていることがありますが、この場合はFirstからNinthまでスペルアウトします。道名の固有名詞なので、最初のアルファベットは大文字で始まります。10th以上は数字で書きます。62nd Street（読み方はp. 100）のように、大きな数字が道名になっていることもあります。

序数（11th–19th）

Track 39

Check! 数字の読み方をチェック

11th	eleventh	イレヴンス
12th	twelfth	トゥエルフス
13th	thirteenth	サーティーンス
14th	fourteenth	フォーティーンス
15th	fifteenth	フィフティーンス
16th	sixteenth	スィクスティーンス
17th	seventeenth	セヴンティーンス
18th	eighteenth	エイティーンス
19th	nineteenth	ナインティーンス

Tips 読み方のポイント

11th以降は、基数の後にthをつけるだけです。カタカナ発音表記はあくまで参考で、実際はthは「ス」ではないので注意しましょう。
スペルで特に変則的なのは、12（twelve）がtwelfthに変わる点です。

どんどん言ってみよう

11th, 12th, 13th, … 17th, 18th, 19th

19th, 18th, 17th, … 13th, 12th, 11th

11th day, 12th day, 13th day, … 17th day, 18th day, 19th day

11th year, 12th year, 13th year, … 17th year, 18th year, 19th year

パターンで言ってみよう

（p. 89でご紹介したクリスマスソング"Twelve Days of Christmas"の歌詞の続きです）

On the 11th day of Christmas, my true love sent to me
11 pipers piping, ...（11人のパイプを吹くパイプ奏者）

On the 12th day of Christmas, my true love sent to me
12 drummers drumming, ...（12人の太鼓を叩く鼓手）

1 →2, 1 →3, 2, 1 →4, 3, 2, 1 とどんどん積み重ねていき、最後は12連の長編となります。

On the 12th day of Christmas, my true love sent to me
12 drummers drumming,
11 pipers piping,
10 lords a-leaping,
・
・
・
3 French hens,
2 turtle doves, and
a partridge in a pear tree.

序数を覚えるいい練習になります。動画サイトなどで探してぜひ歌ってみましょう。

英文で言ってみよう

Track 40

My elder son is in the **11th** grade.
eleventh

私の長男は11年生（高校2年生）です。

The meeting room is on the **12th** floor of the building.
twelfth

会議室はビルの12階にあります。

Today is my **19th** birthday.
nineteenth

今日は私の19歳の誕生日です。

This is my **14th** book.
fourteenth

これが14冊目の著作です。

This is my **13th** year with this company.
thirteenth

私がこの会社に勤めて今年で13年目です。

Payday is on the **15th** of the month.
fifteenth

支払い日は毎月15日です。

Abraham Lincoln was the **16th** President of the United
sixteenth

States from **1861** to **1865**.
eighteen sixty-one eighteen sixty-five

エイブラハム・リンカーンは1861年から1865まで第16代合衆国大統領でした。

She finished **17th** in the Honolulu Marathon.
seventeenth

彼女はホノルル・マラソンで17着でゴールしました。

The 18th Olympics were held in Tokyo in **1964**.
eighteenth / nineteen sixty-four

第18回オリンピック競技大会は東京で1964年に開催されました。

I live on 12th Street.
twelfth

私の家は12番通りにあります。

My school is on 18th Avenue.
eighteenth

私の学校は18番通りにあります。

Column 英語の数え歌

「数え歌」(number songs / counting rhymes)とは、1つ、2つと数える言葉が各歌詞の歌い出しに置かれて、順次数を追って続いていく歌のこと。p. 89とp. 93で紹介したTwelve Days of Christmasは英語圏の子どもであれば必ず知っている歌です。歌詞を積み重ねていくことから「つみあげうた」(cumulative songs)とも呼ばれます。他に、Ten Little Indiansなども有名な数え歌です。

数え歌は、同じ歌詞を何度も繰り返すという点で、最高の発音練習になります。ぜひトライしてください。

序数（20th–90th）

Track 41

Check! 数字の読み方をチェック

20th	twentieth	トゥエンティェス
30th	thirtieth	サーティェス
40th	fortieth	フォーティェス
50th	fiftieth	フィフティェス
60th	sixtieth	スィクスティェス
70th	seventieth	セヴンティェス
80th	eightieth	エイティェス
90th	ninetieth	ナインティェス

Tips 読み方のポイント

-tiethのスペルをよく見てください。tyのyがiに変わり、thの前にeが入っています。このeを発音することがきれいな発音のポイントです。-iethの発音はteeth（歯）の-eethとは違います。「イー」と伸ばすのではなく、「イェ」と二音で発音するのがコツです。意識して発音してみてください。

twentyの発音同様に、アメリカ英語ではtwentiethのtを発音せず、トゥエニィェスと発音する人が多くいます。また、30th以降はtyをdyのように発音するので、サーディェスのようにティがディになります。

どんどん言ってみよう

20th, 30th, 40th, … 70th, 80th, 90th

90th, 80th, 70th, … 40th, 30th, 20th

20th anniversary, 30th anniversary, 40th anniversary, … 70th anniversary, 80th anniversary, 90th anniversary

パターンで言ってみよう

20th anniversary
▶20周年

30th wedding anniversary
▶結婚30周年

40th anniversary of the band
▶バンド（結成）40周年

50th anniversary of the group
▶グループ（結成）50周年

60th anniversary of the company
▶会社（設立）60周年

70th anniversary of the founding of the company
▶会社創業70周年

80th anniversary of the founding of the university
▶大学創立80周年

90th anniversary of the establishment of the association
▶協会設立90周年

＊anniversary（記念日・年）、founding（創立・創業）、establishment（設立）、association（協会）

英文で言ってみよう

We celebrated our **30th** (thirtieth) wedding anniversary last year.

去年、私たちの結婚30周年を祝いました。

Today is my **40th** (fortieth) birthday.

今日は私の40歳の誕生日です。

Ronald Reagan was the **40th** (fortieth) President of the United States from **1981** (nineteen eighty-one) to **1989** (nineteen eighty-nine).

ロナルド・レーガンは1981年から1989年まで、第40代合衆国大統領でした。

Mongolian sumo wrestler Harumafuji became the **70th** (seventieth) Yokozuna in **2012** (twenty twelve / two thousand (and) twelve).

モンゴル人相撲力士の日馬富士は2012年に第70代横綱になりました。

Japan's **80th** (eightieth) Prime Minister was in power for only **64** (sixty-four) days.

日本の第80代首相が政権の座に就いていたのはたった64日間でした。

In **2014** (twenty fourteen / two thousand (and) fourteen), Japan's GDP per capita was ranked **20th** (twentieth) among OECD countries.

2014年、日本の１人当たりGDPはOECD加盟国で20位でした。

＊ per capita（１人当たり）→p. 176参照

＊ OECD [Organisation for Economic Co-operation and Development] ＝経済協力開発機構

This year marks the **70th** (seventieth) anniversary of our national independence.

今年は国家独立70周年です。

We celebrated the **90th** (ninetieth) birthday of the Queen in **2016** (twenty sixteen / two thausand (and) sixteen).

私たちは2016年、女王の90歳の誕生日を祝いました。

I participated in the city marathon and came in **50th** (fiftieth).

シティマラソンに参加し、私は50位でした。

Turn right on **30th** (thirtieth) Street and you'll see the theater on your right.

30番通りを右に曲がったら、右側に劇場が見えます。

Japanese people have a special name, *kanreki*, to celebrate their **60th** (sixtieth) birthday.

60歳の誕生日をお祝いするのに、日本人には還暦という特別な呼び名があります。

Hawaii was the **50th** (fiftieth) state to join the United States of America.

ハワイはアメリカ合衆国に加わった50番目の州でした。

Column 上達は同じことを繰り返すことで実現する！

30(thirty)、3万(thirty thousand)、そして序数の30th(thirtieth)を繰り返し練習すると、実はどれも、英語の中で特に発音が難しいthと(i)rの発音練習を繰り返すことになります。これらの発音をネイティブレベルに近づけるためには、ひたすら発音練習を繰り返すことが大事です。テニスの練習で、何百本とサーブの練習を繰り返せば必ずいつか上手になるのと同じなのです。

序数（21st–99th）

Track 43

Check! 数字の読み方をチェック

21st	twenty-first	トゥエンティ・ファースト
32nd	thirty-second	サーティ・セカンド
43rd	forty-third	フォーティ・サード
54th	fifty-fourth	フィフティ・フォース
65th	sixty-fifth	スィクスティ・フィフス
76th	seventy-sixth	セヴンティ・スィクスス
88th	eighty-eighth	エイティ・エイス
99th	ninety-ninth	ナインティ・ナインス

Tips 読み方のポイント

21st（twenty-first）のように、十の位は基数読み、一の位は序数読みです。3桁以上でも同じルールで、たとえば123thならone hundred (and) twenty-thirdのようになります。十の位と一の位はハイフンでつなぎます。

100thや1000thはone hundredthまたはa hundredth、one thousandthまたはa thousandthと言います。序数を読むときも数字を読むときと同じですね。hundredthとthousandthのdthのdの音は「ハンドレッス」「サウゼンッス」のように発音しますが、早く言うとほとんど聞こえなくなります。

どんどん言ってみよう

31st, 32nd, 33rd, … 37th, 38th, 39th

81st, 82nd, 83rd, … 87th, 88th, 89th

23rd, 33rd, 43rd, … 73rd, 83rd, 93rd（十の位を変化）

24th, 34th, 44th, … 74th, 84th, 94th（十の位を変化）

パターンで言ってみよう

Happy 23rd birthday, Sis!
▶ねえさん、23歳の誕生日おめでとう！ twenty-third

Happy 32nd birthday, Bro!
▶にいさん、32歳の誕生日おめでとう！ thirty-second

Happy 45th birthday, Dad!
▶とうさん、45歳の誕生日おめでとう！ forty-fifth

Happy 44th birthday, Mom!
▶かあさん、44歳の誕生日おめでとう！ forty-fourth

Happy 56th birthday, Aunty!
▶おばちゃん、56歳の誕生日おめでとう！ fifty-sixth

Happy 67th birthday, Uncle!
▶おじちゃん、67歳の誕生日おめでとう！ sixty-seventh

Happy 79th birthday, Grandpa!
▶おじいちゃん、79歳の誕生日おめでとう！ seventy-ninth

Happy 84th birthday, Grandma!
▶おばあちゃん、84歳の誕生日おめでとう！ eighty-fourth

Happy 99th birthday, Great-grandpa!
▶ひいおじいちゃん、99歳の誕生日おめでとう！ ninety-ninth

Happy 98th birthday, Great-grandma!
▶ひいおばあちゃん、98歳の誕生日おめでとう！ ninety-eighth

英文で言ってみよう

Theodore Roosevelt was the 26th (twenty-sixth) President of the United States.

セオドア・ルーズヴェルトは第26代合衆国大統領でした。

John F. Kennedy was the 35th (thirty-fifth) President of the United States.

ジョン・F・ケネディは第35代合衆国大統領でした。

Winston Churchill was the 61st (sixty-first) and 63rd (sixty-third) Prime Minister of the UK.

ウィンストン・チャーチルは第61代および63代イギリス首相でした。

Margaret Thatcher was the 71st (seventy-first) Prime Minister of the UK.

マーガレット・サッチャーは第71代イギリス首相でした。

The 23rd (twenty-third) Olympics were held in Los Angeles in **1984** (nineteen eighty-four).

第23回オリンピックはロサンゼルスで1984年に開催された。

The 28th (twenty-eighth) Olympics were held in Greece for the 2nd (second) time.

第28回オリンピックはギリシアで二度目の開催となった。

Tokyo was chosen to host the 32nd (thirty-second) Olympics.

東京は第32回オリンピックの開催都市に選ばれました。

Our office will relocate to the corner of 58th (fifty-eighth) Street and Ocean Boulevard.

私たちのオフィスは58番通りとオーシャン大通りの角に移転します。

I need to go to ABC Bank's **34th** Street Branch.
thirty-fourth

私はABC銀行の34番通り支店に行かなくてはいけません。

Alaska was the **49th** state to join the United States of America.
forty-ninth

アラスカはアメリカ合衆国に加わった49番目の州でした。

Column 累乗

「XのY乗」という表現はX to the power of Yと言います。

$3^2=9$ **Three** to the power of two is nine.

$2^3=8$ **Two** to the power of three is eight.

2乗と3乗については、序数を使った言い方と特別な言い方（2乗＝squared、3乗=cubed）もあります。

$3^2=9$ **Three** to the second power is nine. / **Three** squared is nine.

$2^3=8$ **Two** to the third power is eight. / **Two** cubed is eight.

つまり、次の3つ言い方のいずれもできるということです。

$5^2=25$ **Five** squared is twenty-five.

Five to the second power is twenty-five.

Five to the power of two is twenty-five.

月（1月〜12月）

Check! 数字の読み方をチェック

1月	January	ジャニュアゥリィ
2月	February	フェビュァリィ
3月	March	マーチ
4月	April	エイプリル
5月	May	メイ
6月	June	ジュウン
7月	July	ジュライ
8月	August	オーガスト
9月	September	セプテンバー
10月	October	オクトウバー
11月	November	ノヴェンバー
12月	December	ディセンバー

Tips 読み方のポイント

月の名前は、日本語では「1から12」月と数字で言いますが、英語にはそれぞれ名前があります。

Februaryは「フェビュァリィ」と発音するのが一般的になりつつあるため、本書の音声もそのように読まれています。もう1つ、「フェブルァリィ」とrをしっかり発音する言い方もあります。どちらの発音でもかまいません。何度も繰り返し練習してマスターしましょう！

どんどん言ってみよう

January, February, March, … October, November, December

January, March, May, July, September, November（奇数月、難）

February, April, June, August, October, December（偶数月、難）

パターンで言ってみよう

My birthday is in January.
▶私の誕生日は1月です。

Her birthday is in February.
▶彼女の誕生日は2月です。

His birthday is in March.
▶彼の誕生日は3月です。

Japan's fiscal year starts in April.
▶日本の会計年度は4月に始まる。

Australia's fiscal year starts in July.
▶オーストラリアの会計年度は7月に始まる。

The US federal government's fiscal year starts in October.
▶アメリカ合衆国連邦政府の会計年度は10月に始まる。

＊ fiscal year（会計年度）

The exhibition was held in May.
▶その展示会は5月に開催された。

The exhibition will be held in June.
▶その展示会は6月に開催される。

The exhibition is to be held in August.
▶その展示会は8月に開催される予定だ。

Rose is one of the flowers of the birth month of June.
▶バラは6月の誕生花です。

Aster is one of the flowers of the birth month of September.
▶アスター（エゾギク）は9月の誕生花です。

Poinsettia is one of the flowers of the birth month of December.
▶ポインセチアは12月の誕生花です。

＊ poinsettia（ポインセチア。赤い葉が特徴）

☑ 英文で言ってみよう

Track 46

January is the **1st** (first) month of the year.

1月は年の最初の月です。

St. Valentine's Day is in **February**.

聖バレンタインデーは2月にあります。

The fiscal year ends in **March** in Japan.

日本では会計年度は3月で終わります。

Japan's cherry blossoms are beautiful in **April**.

4月は日本では桜が美しいです。

The Japanese holiday week in **May** is called Golden Week.

日本の5月の連休はゴールデン・ウィークと呼ばれます。

The weather is rainy and humid in Japan in **June**.

日本で6月の天気は雨が多く、湿度が高いです。

There are many fireworks festivals throughout Japan during **July** and **August**.

7月と8月の間は日本各地で多くの花火大会が行われます。

The school year starts in **September** in many Western countries.

多くの欧米諸国で学校の年度は9月に始まります。

It starts to get chilly in Tokyo in **October**.

東京では10月から肌寒くなってきます。

The American Thanksgiving is a holiday celebrated in **November**.

アメリカのサンクスギビングは11月に祝われる休日です。

Many people in Japan also celebrate Christmas in **December**.

日本でも多くの人が12月のクリスマスを祝います。

Column　時の前置詞の使い方

ここで紹介した月、そして年・季節・世紀の前には、「～に」を表す前置詞としてinをつけます。p. 108で紹介する特定の日にちや曜日にはonをつけます。時間はatです。

inは朝・午前のthe morning、午後のthe afternoon、夕方・夜のthe eveningの前にもつきます。興味深いことに、夜のnightにはat nightのようにatを使い、冠詞のtheはつけません。では「月曜の朝」は？

on Monday morning
または
on Monday in the morning

学者間でも意見が割れるところかと思いますが、気にしすぎると会話のテンポを崩してしまいます。まずは言いたいことを伝えましょう。もしも前置詞の間違いで相手が混乱したら、質問してくれると思います。どんどん会話や文章で使って、慣れていくようにしましょう。

日付（月/日・年/月/日）

Track 47

Check! 数字の読み方をチェック

1月5日	January 5 fifth
3月23日	March 23 twenty-third
4月30日	April 30 thirtieth
6月12日	the 12th twelfth of June
8月19日	the 19th nineteenth of August
11月25日	the 25th twenty-fifth of November
1972年8月9日	August 9 ninth, 1972 nineteen seventy-two
1908年11月10日	November 10 tenth, 1908 nineteen oh eight
1999年9月25日	September 25 twenty-fifth, 1999 nineteen ninety-nine
2016年10月30日	October 30 thirtieth, 2016 twenty sixteen / two thousand (and) sixteen

Tips 読み方のポイント

日にちは、表記上は基数ですが、発音上は序数で読みます。

月・日の読み方には2パターンあり、たとえば1月5日なら、1) January 5 fifth　2) the 5th of January　となります。日常会話では1) が一般的で、2) のofでつなぐ読み方は少しフォーマルな言い方です。基本的に、2) の読み方をする場合はtheを序数の前に加えます。

どんどん言ってみよう

January 13, February 13, March 13, … October 13, November 13, December 13

the 5th of January, the 5th of February, the 5th of March, … the 5th of October, the 5th of November, the 5th of December

January 31, February 28, March 31, … October 31, November 30, December 31（月の最後の日、難）

パターンで言ってみよう

February 11 is our National Foundation Day.
▶2月11日は建国記念の日。 February eleventh

March 20 is Vernal Equinox Day.
▶3月20日は春分の日。 March twentieth

May 3 is our Constitution Memorial Day.
▶5月3日は憲法記念日。 May third

The 5th of May is Children's Day.
▶5月5日はこどもの日。 fifth of May

The 23rd of September is Autumnal Equinox Day.
▶9月23日は秋分の日。 twenty-third of September

The 23rd of November is Labour Thanksgiving Day.
▶11月23日は勤労感謝の日。 twenty-third of November

St. Valentine's Day is on February 14.
▶聖バレンタインデーは2月14日。 February fourteenth

Halloween is on October 31.
▶ハロウィンは10月31日。 October thirty-first

Christmas is on December 25.
▶クリスマスは12月25日。 December twenty-fifth

I was born on June 21, 1999.
▶私は1999年6月21日に生まれた。 June twenty-first, nineteen ninety-nine

She was born on April 3, 1979.
▶彼女は1979年4月3日に生まれた。 April third, nineteen seventy-nine

He was born on December 24, 2013.
▶彼は2013年12月24日に生まれた。 December twenty-fourth, twenty thirteen

英文で言ってみよう

The US declared independence on **July 4, 1776**.
July fourth, seventeen seventy-six

アメリカは1776年7月4日に独立を宣言した。

World War **II** ended on **August 15, 1945**.
two
August fifteenth, nineteen forty-five

第二次世界大戦は1945年8月15日に終わった。

Okinawa was returned to Japan on **May 15, 1972**.
May fifteenth, nineteen seventy-two

沖縄は1972年5月15日に日本に返還された。

Japan and China established diplomatic relations on **September 29, 1972**.
September twenty-ninth, nineteen seventy-two

日本と中国は1972年9月29日に外交関係を樹立した。

＊ diplomatic relations（外交関係）

Japan's first satellite was launched on **February 11, 1970**.
February eleventh, nineteen seventy

日本初の人工衛星は1970年2月11日に打ち上げられた。

The ASEAN-Japan Comprehensive Economic Partnership became effective on **December 1, 2008**.
December first, two thousand (and) eight

日本・ASEAN包括的経済連携協定は2008年12月1日に発効した。

＊ become effective（効力を生じる）

A broad agreement on the TPP (Trans-Pacific Partnership) was concluded on **October 5, 2015**.
October fifth, twenty fifteen / two thousand (and) fifteen

TPP（環太平洋パートナーシップ）協定は2015年10月5日に大筋合意した。

Leonardo da Vinci was born on **April 15, 1452**.

April fifteenth, fourteen fifty-two

レオナルド・ダ・ヴィンチは1452年4月15日に生まれた。

Babe Ruth was born on **February 6, 1895**.

February sixth, eighteen ninety-five

ベーブ・ルースは1895年2月6日に生まれた。

Column　アメリカ英語とイギリス英語の違い⑤ 日付の書き順

日付の書き方の順序は、アメリカ式とイギリス式で異なります。
たとえば2017年12月31日は、
アメリカでは月/日/年（12/31/2017［17］）
December thirty-first, twenty seventeen
イギリスでは日/月/年（31/12/2017［17］）
thirty-first December, twenty seventeen
となります。いずれも年号は最後に来ます。

月日の組み合わせによってはどっちがどっちだかわからなくなるので、注意が必要ですね！

8/10/2017
10/8/2017

さて、何月何日でしょう？

答え：2017年8月10日

（アメリカ：August tenth, twenty seventeen）
（イギリス：tenth August, twenty seventeen）

分数①（基本の読み方）

Track 49

Check! 数字の読み方をチェック

$\frac{1}{3}$	one-third / a third
$\frac{1}{4}$	one-fourth / a fourth
$\frac{1}{9}$	one-ninth / a ninth
$\frac{1}{10}$	one-tenth / a tenth
$\frac{2}{3}$	two-thirds
$\frac{3}{4}$	three-fourths
$\frac{2}{5}$	two-fifths
$\frac{3}{5}$	three-fifths
$\frac{4}{5}$	four-fifths
$5\frac{2}{3}$	five and two thirds
$7\frac{4}{5}$	seven and four fifths

Tips 読み方のポイント

まずは分数の基本的な読み方を練習しましょう。分数は英語では分子→分母の順で読みます。分子は「基数」、分母は「序数」です。分子が1の場合は、分母の序数はそのままの単数形ですが、分子が2以上の場合、分母は序数の複数形（thirds, fifthsなど）になります。

帯分数は整数を言った後にandで分数をつなぎます。たとえば$3\frac{3}{5}$であればthree and three fifthsと読みます。

どんどん言ってみよう

$\frac{1}{3}, \frac{1}{4}, \frac{1}{5}, \cdots \frac{1}{8}, \frac{1}{9}, \frac{1}{10}$

$\frac{2}{3}, \frac{2}{4}, \frac{2}{5}, \cdots \frac{2}{8}, \frac{2}{9}, \frac{2}{10}$

$\frac{1}{10}, \frac{1}{9}, \frac{1}{8}, \cdots \frac{1}{5}, \frac{1}{4}, \frac{1}{3}$

計算式を英語で言ってみよう

$\frac{1}{3} + \frac{1}{3} = \frac{2}{3}$ ▶One-third plus one-third is two-thirds.

$\frac{1}{5} + \frac{2}{5} = \frac{3}{5}$ ▶One-fifth plus two-fifths is three-fifths.

$\frac{2}{9} + \frac{4}{9} = \frac{2}{3}$ ▶Two-ninths plus four-ninths is two-thirds.

$\frac{2}{3} - \frac{1}{3} = \frac{1}{3}$ ▶Two-thirds minus one-third is one-third.

$\frac{6}{7} - \frac{2}{7} = \frac{4}{7}$ ▶Six-sevenths minus two-sevenths is four-sevenths.

$\frac{5}{9} - \frac{4}{9} = \frac{1}{9}$ ▶Five-ninths minus four-ninths is one-ninth.

$\frac{2}{3} \times \frac{3}{8} = \frac{1}{4}$ ▶Two-thirds times three-eighths is one-fourth.

$\frac{1}{4} \times \frac{2}{3} = \frac{1}{6}$ ▶One-fourth times two-thirds is one-sixth.

$\frac{2}{5} \times \frac{5}{8} = \frac{1}{4}$ ▶Two-fifths times five-eighths is one-fourth.

$\frac{1}{4} \div \frac{1}{3} = \frac{3}{4}$ ▶One-fourth divided by one-third is three-fourths.

$\frac{1}{3} \div \frac{2}{5} = \frac{5}{6}$ ▶One-third divided by two-fifths is five-sixths.

$\frac{2}{3} \div \frac{3}{4} = \frac{8}{9}$ ▶Two-thirds divided by three-fourths is eight-ninths.

$3\frac{1}{3} + 2\frac{2}{3} = 6$ ▶Three and one-third plus two and two-thirds is six.

$6\frac{3}{4} - 4\frac{3}{4} = 2$ ▶Six and three-fourths minus four and three-fourths is two.

$6\frac{3}{5} - 4\frac{1}{5} = 2\frac{2}{5}$ ▶Six and three-fifths minus four and one-fifth is two and two-fifths.

英文で言ってみよう

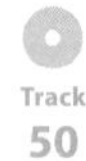
Track
50

I ate $\frac{1}{3}$ of the cake.
one-third

私はケーキの3分の1を食べました。

About $\frac{2}{3}$ of Japan's land is mountainous.
two-thirds

日本の土地の約3分の2は山です。

Japan's GDP is about $\frac{1}{4}$ that of the US.
one-fourth

日本のGDP（国内総生産）はアメリカの約4分の1です。

$\frac{3}{4}$ of the employees are women in that company.
three-fourths

あの会社の従業員の4分の3は女性です。

China's population is about $\frac{1}{5}$ of the global population.
one-fifth

中国の人口は世界の人口の約5分の1です。

Australia's population is about $\frac{1}{6}$ that of Japan.
one-sixth

オーストラリアの人口は日本の約6分の1です。

Costa Rica is about $\frac{1}{7}$ the size of Japan.
one-seventh

コスタリカは日本の約7分の1のサイズです。

More than $\frac{1}{3}$ of our customers prefer to shop online.
one-third

弊社の顧客の3分の1以上がオンラインでの買い物を好みます。

Mineral fuel exports account for $\frac{2}{3}$ (two-thirds) of the country's total exports.

鉱物性燃料の輸出はその国の総輸出の3分の2を占める。

A constitutional amendment requires $\frac{2}{3}$ (two-thirds) approval in the Diet, and then it is submitted for a national referendum.

憲法改正には国会の3分の2の賛成が必要で、その後国民投票にかけられる。

＊ constitutional amendment（憲法改正）、submit（提出する）

Add $2\frac{1}{3}$ (two and one-third) cups of milk to the mix and stir well. Then you can make pancakes.

2カップと3分の1カップの牛乳を（パンケーキ）ミックスに入れてよく混ぜてください。そうしたらパンケーキが作れます。

We still have about $1\frac{2}{3}$ (one and two-thirds) of the cake left over from the party.

まだパーティーのケーキが1つと3分の2くらい残っています。

Column 分数の読み方

この項目では、よく使う分数のみ紹介しましたが、たとえば $\frac{1}{100}$ ならone-hundredth、百万分の一ならone-millionth のようになります。分子・分母ともに数が大きい場合などは混乱を防ぐためにそれぞれ基数で読み、間にはoverを入れます（例：$\frac{13}{83}$［83分の13］はthirteen over eighty-three）。

また「～のうち」を表す分数に似た表現としてone out of five children（5人の子どものうち1人）、one in five Japanese people（日本人5人のうち1人）のようにout ofやinを使う表現もあります。

分数②（特殊な読み方）

Track 51

Check! 数字の読み方をチェック

$\frac{1}{2}$	one-half / a half（＊ one-second ではない）
$\frac{1}{4}$	one-quarter / a quarter
$\frac{3}{4}$	three-quarters
$1\frac{1}{2}$	one and a half
$1\frac{1}{4}$	one and a quarter

Tips 読み方のポイント

$\frac{1}{2}$, $\frac{1}{4}$などの分子の1は通常oneと読み、$1\frac{1}{2}$, $1\frac{1}{4}$などの帯分数のときはaと読みます。

$\frac{1}{4}$はきりの良い数として様々なケースで使われることから、quarterがよく使われます。p. 113のような計算式では、たとえば$\frac{1}{4}$や$\frac{3}{4}$はone-fourthやthree-fourthsと読みますが、このページではquarterを使った読み方も練習しましょう。

帯分数の$1\frac{1}{2}$や$1\frac{1}{4}$は1.5や1.25などの小数で表現することもできますし、$\frac{1}{2}$は50%（percent・パーセント）、$\frac{1}{4}$は25%などの百分率で表すこともできます。

どんどん言ってみよう

$1\frac{1}{2}$, $2\frac{1}{2}$, $3\frac{1}{2}$, … $8\frac{1}{2}$, $9\frac{1}{2}$, $10\frac{1}{2}$

$10\frac{1}{4}$, $20\frac{1}{4}$, $30\frac{1}{4}$, … $80\frac{1}{4}$, $90\frac{1}{4}$, $100\frac{1}{4}$

$100\frac{3}{4}$, $200\frac{3}{4}$, $300\frac{3}{4}$, … $800\frac{3}{4}$, $900\frac{3}{4}$, $1000\frac{3}{4}$

パターンで言ってみよう

$\frac{1}{2}$ is the same as 50%. ▶ one-half, fifty percent

$\frac{1}{4}$ is the same as 25%. ▶ one-quarter, twenty-five percent

$\frac{3}{4}$ is the same as 75%. ▶ three-quarters, seventy-five percent

$1\frac{1}{2}$ is the same as 1.5. ▶ one and a half, one point five

$1\frac{1}{4}$ is the same as 1.25. ▶ one and a quarter, one point two five

$1\frac{3}{4}$ is the same as 1.75. ▶ one and three-quarters, one point seven five

$\frac{1}{2}$ of a thousand is 500. ▶ one-half, five hundred

$\frac{1}{4}$ of a thousand is 250. ▶ one-quarter, two hundred (and) fifty

$\frac{3}{4}$ of a thousand is 750. ▶ three-quarters, seven hundred (and) fifty

$\frac{1}{2}$ of a million is 500,000. ▶ one-half, five hundred thousand

$\frac{1}{4}$ of a million is 250,000. ▶ one-quarter, two hundred (and) fifty thousand

$\frac{3}{4}$ of a million is 750,000. ▶ three-quarters, seven hundred (and) fifty thousand

☑ 英文で言ってみよう

About $\frac{1}{2}$ of the elementary school children in Japan
one-half / half
attend cram schools called *juku*.
日本では小学生の約2分の1が塾と呼ばれる学習塾に通っています。

Income from royalties accounts for $\frac{1}{2}$ of the sales.
one-half / half
売上の2分の1はロイヤリティ（特許使用料）収入が占めています。

I bought a new car for $1\frac{1}{2}$ million yen.
one and a half
私は新車を150万円で買いました。

The United States holds about $\frac{1}{4}$ of the global GDP.
one-quarter / a quarter
アメリカは世界のGDPの約4分の1を占めます。

I bought a house in Miami Beach for $9\frac{1}{2}$ million dollars.
nine and a half
私は950万ドルでマイアミビーチに家を買いました。

Drivers in Singapore crossing over into Malaysia are required to have at least $\frac{3}{4}$ of a tank of fuel.
three-quarters
マレーシアに渡るシンガポールのドライバーはタンクに最低4分の3の燃料を入れることを義務づけられています。

$\frac{1}{2}$ of Japan's land area is designated as heavy snowfall zones.
one-half / half
日本の国土の2分の1は豪雪地帯と指定されています。
＊ designate（指定する）

People over the age of **65** make up $\frac{1}{4}$ of Japan's population.
sixty-five one-quarter / a quarter

日本の人口の4分の1は65歳以上の人が占めています。

The British Empire used to rule $\frac{1}{4}$ of the world.
one-quarter / a quarter

大英帝国は世界の4分の1を支配していました。

Add $3\frac{1}{2}$ cups of water to make curry.
three and a half

カレーを作るには3カップ半の水を加えてください。

Column スリークオータータンク法

世界にはちょっと変わった法律も多いですが、その1つがシンガポールのThree-Quarter Tank Ruleです。分子が3なので、Quarters じゃないの？と思うかもしれませんが、これは後ほど紹介するハイフンを使った形容詞表現で、ここでは複数形にしません。(→p. 190参照)

この法律はシンガポールから車で隣国マレーシアに出国する際、ガソリンメーターが$\frac{3}{4}$以上でないといけない、というもので、違反者には罰金が科せられることもあります。産油国であるマレーシアの安いガソリン目的で出国させないための対策、ということですね。

時刻②（時計の特殊な読み方）

Track 53

Check! 数字の読み方をチェック

3:30	half past three
9:15	a quarter［米］after/［英］past nine
11:45	a quarter to/before twelve
12:00 p.m.	noon / midday
12:00 a.m.	midnight
12:15 a.m.	a quarter after/past midnight
11:45 a.m.	a quarter to/before noon

Tips 読み方のポイント

3:30は、p. 70の時刻①で紹介した読み方のthree thirtyでももちろん大丈夫ですが、日本語で「3時半」という言い方があるように、half past + 3時とも表現できます。

分数の項目でも紹介したquarterは、時刻の場合は60分の$\frac{1}{4}$ということで、15分が一単位となります。気をつけたいのは2:45のような場合で、英語では「3時になるまであと15分」という意味でa quarter to/before threeと言います。3:15の場合は、a quarter after/past threeです。

どんどん言ってみよう

1:30, 2:30, 3:30, … 10:30, 11:30, 12:30

1:15, 2:15, 3:15, … 10:15, 11:15, 12:15

12:45, 1:45, 2:45, … 9:45, 10:45, 11:45

パターンで言ってみよう

It's 4:30. ▶4時半です。 half past four
It's 7:30. ▶7時半です。 half past seven
It's 12:30. ▶12時半です。 half past twelve

Let's meet at 5:15. ▶5時15分に会いましょう。 a quarter after/past five
Let's meet at 8:15. ▶8時15分に会いましょう。 a quarter after/past eight
Let's meet at 2:15. ▶2時15分に会いましょう。 a quarter after/past two

I'll come and pick you up at 3:45.
▶3時45分にあなたを迎えに行きます。 a quarter to/before four
I'll come and pick you up at 6:45.
▶6時45分にあなたを迎えに行きます。 a quarter to/before seven
I'll come and pick you up at 9:45.
▶9時45分にあなたを迎えに行きます。 a quarter to/before ten

I woke up at 8:30.
▶私は8時半に起きました。 half past eight
I slept until 11:45 a.m.
▶私は午前11時45分まで寝ました。 a quarter to/before noon
I went to bed at 12:00 a.m.
▶私は深夜12時にベッドに入りました。 midnight
I took a nap from 12:00 p.m.
▶私は正午12時に昼寝をしました。 noon

英文で言ってみよう

Track
54

The restaurant opens at **11:30**.
half past eleven

レストランは11時半にオープンします。

The train leaves at **2:45**.
a quarter to/before three

電車は3時15分前に発車します。

My flight departs at **7:15**.
a quarter after/past seven

私のフライトは7時15分に発ちます。

The store closes at **9:30**.
half past nine

お店は9時半に閉まります。

She arrived here at **8:15**.
a quarter after/past eight

彼女はここに8時15分に着きました。

I went to bed at **1:15** at night.
a quarter after/past one

私は深夜1時15分にベッドに入った。

I returned home at **11:45 p.m.**
a quarter to/before midnight

私は深夜0時15分前に帰宅した。

He came back just before noon, at **11:45 a.m.**
a quarter to twelve/noon

彼はちょうど昼前、正午15分前に戻ってきた。

It's already **12:00 a.m.**!
midnight

もう深夜12時だよ！

My English class starts at 9:15.
a quarter after/past nine

私の英語クラスは9時15分に始まります。

You can't miss the TV program starting at 10:30.
half past ten

10時半から始まるテレビ番組は見逃しちゃダメだよ。

You have to submit the report by 2:30.
half past two

2時半までにレポートを提出しないといけません。

The next available show starts at 5:45.
a quarter to/before six

次に鑑賞できる公演は5時45分に始まります。

Column quarterについて

$\frac{1}{4}$ の意味のquarterを、ネイティブはかなりの頻度で使います。イギリスでは、fourthの代わりにquarterが使われます。アメリカで買い物するときも、おつりのquarter (dollar) (25セントコイン)の受け渡しなど、耳にする機会は多いでしょう。

ちなみに最近日本の大学でも増えてきたクオーター (quarter) 制とは4学期制のことですが、政治や雇用における人員構成や男女比率を定めた割り当て制度 (貿易用語では輸入割り当て)のクオータ (quota)制と間違えないように注意しましょう！

会話の発音の法則（前編）

実際の会話では、基本発音とは違った発音になることがあります。これには一定の法則性があります。

“T”の法則

Tは流暢な会話においてそのまま発音されたり、されなかったり、ほとんど発音されなかったり、音が変わったり、という厄介な存在です。

●しっかり発音されるT

Tから始まる言葉の場合

（例：two, ten, twelve, twenty, trillion, tiger, tool, take, toyなど）

STの組み合わせの単語で、これが語尾に来ない場合

（例：faster, story, store, streetなど）

Tにアクセント・強勢をつける場合

（例：thirteen, fourteen, fifteen, sixteen, seventeen, eighteen, nineteen, intend, material, return, dictation）

＊30（thirty), 40（forty), ... 90（ninety）はアクセントがTの前につくため、ここには入りません。

●発音されない、またはほとんど発音されないT（stop T）

Tが語尾に来る場合

（例：eight, first, must, can't, that, visitなど）

＊B, D, G, Pも単語の語尾に来ると発音されない、またはほとんど発音されないことがあります。
（例：disturb, and, played, friend, good, going, stop）

CHAPTER 4

数字とセットで使う程度の表現

Chapter 4, 5では、数そのものではなく数の程度などを表すボキャブラリーを学びます。これにより、さらに正確な数量表現ができるようになります。

程度① 約・だいたい

Track 55

Check! **ボキャブラリー**

about ～	だいたい～、～くらい
approximately ～	約～（aboutより少しフォーマル）
around ～	～あたり、～前後
roughly ～	ざっくり～、ざっと～くらい
something like ～	確か～くらいといった感じ

Tips **なるほど！　ポイント**

正確な数を言わない、またはだいたいこれぐらいだろうと思っている場合、数の前に上記の単語を付け足します。意味はどれも同じですが、aboutは定番、approximatelyはフォーマル、something likeはかなりくだけたニュアンスとなります。「約・だいたい」の数の部分については人によって感覚が違いますので、細かい性格の人にとっての51.2%は、おおざっぱな人にとっては「約51%」かもしれません。下記の変換例はあくまで目安として参考にしてください。

フレーズで言ってみよう

297 pages → **about** 300 pages
two hundred (and) ninety-seven / three hundred

4,890 yen → **about** 5,000 yen
four thousand eight hundred (and) ninety / five thousand

12,892 people → **approximately** 13,000 people
twelve thousand eight hundred (and) ninety-two / thirteen thousand

7,897,091 yen → **around** 8,000,000 yen
seven million eight hundred (and) ninety-seven thousand (and) ninety-one / eight million

1,062 followers → **roughly** 1,000 followers
one thousand (and) sixty-two / one thousand

☑ 英文で言ってみよう

It takes about **12** hours by plane.
twelve
飛行機でだいたい12時間くらいかかります。

It costs approximately **15,000** dollars.
fifteen thousand
約15,000ドルします。

Japan's population is approximately **125** million.
one hundred (and) twenty-five
日本の人口は約1億2,500万人です。

The average price is around **8,000** yen.
eight thousand
平均価格は約8,000円です。

Condominiums in central Tokyo cost around **100** million yen.
one hundred
東京都心のマンションは1億円くらいします。

I went to bed at around **12** o'clock.
twelve
私は12時ごろベッドに入りました。

It takes roughly **2** hours to get there by train.
two
そこまで電車でざっと2時間かかります。

The admission fee was something like **1,500** yen.
one thousand five hundred
たしか入場料は1,500円とかだった。

程度②
あとちょっとで

Track 56

Check! ボキャブラリー

almost ～	あと少しで～、ほとんど～
nearly ～	あと少しで～、ほとんど～

Tips なるほど！　ポイント

aboutやaroundなどが「丸い数字」「キリのいい数字」の前後の数を表すのに対して、almostやnearlyは実際の数があと少しでキリのいい数字になる、つまり切り上げた数より少ない場合にのみ使います。almostとnearlyの間に大きな差はありませんが、almostのほうが若干キリのいい数字に近いイメージとなります。

フレーズで言ってみよう

6,897 pieces → almost 7,000 pieces
six thousand eight hundred (and) ninety-seven / seven thousand

99,800 yen → almost 100,000 yen
ninety-nine thousand eight hundred / one hundred thousand

9:55 → almost 10 o'clock
nine fifty-five / ten

8:52 → nearly 9 o'clock
eight fifty-two / nine

98,000 yen → nearly 100,000 yen
ninety-eight thousand / one hundred thousand

292 rooms → nearly 300 rooms
two hundred (and) ninety-two / three hundred

192 people → nearly 200 people
one hundred (and) ninety-two / two hundred

1 hour 25 minutes → nearly $1\frac{1}{2}$ hours
one　twenty-five / one and a half

英文で言ってみよう

It took me **almost** **3** hours to complete the report.
three

レポートを仕上げるのに3時間近くかかりました。

There were **nearly** **1,000** people attending the seminar.
one thousand

セミナーには1,000人近く参加していました。

Wake up! It's **almost** **11** o'clock.
eleven

起きて！　もうすぐ11時だよ。

We spent **nearly** **20,000** yen at that restaurant.
twenty thousand

私たちはそのレストランで2万円近く使いました。

That country's child poverty rate is **nearly** **20** percent.
twenty

その国の子どもの貧困率は20パーセント近い。

The value-added tax rate in Scandinavian countries used to be **almost** **3** times higher than Japan's consumption tax rate.
three

スカンディナビア諸国の付加価値税は、以前は日本の消費税の3倍近く高かった。

It's so hot today. It's **nearly** **40** degrees Celsius.
forty

今日はとても暑いです。摂氏40度近くです。（→p. 160）

Our new app reached **almost** **10,000** downloads in just one day.
ten thousand

私たちの新しいアプリはわずか1日で1万ダウンロード近くを達成しました。

程度③ ～より上、～以上

Track 57

Check! ボキャブラリー

more than ～	～より多い
above ～	～超
over ～	～超
～ or above/over	～以上
～ and above/over	～以上
～ or more	～以上

Tips なるほど！　ポイント

英語には、日本語の「以上（以下）」に相当する言葉がありません。たとえば「10個以上」を正確に訳すならmore than 9か10 or above/over、または10 or moreなどとなります。通常の会話で使うなら、その数字を含むか含まないかについてはあまり神経質にならず、「以上」と捉えても大きな問題にはなりません。I have more than 10 cars.は「10台以上かどうか」ではなく、「車をたくさん持っている」ことがポイントですからね。

フレーズで言ってみよう

215 people（two hundred (and) fifteen） → **more than** 200 people（two hundred）

101,500 yen（one hundred (and) one thousand five hundred） → **above** 100,000 yen（one hundred thousand）

10,890 dollars（ten thousand eight hundred (and) ninety） → **over** 10,000 dollars（ten thousand）

15歳以上 → 15 (years old) **and above/over**（fifteen）

3冊以上 → 3 books **or more**（three）

英文で言ってみよう

It costs **more than** **50,000** dollars.
fifty thousand

それは5万ドル以上します。

More than **100** people lined up for the tickets.
one hundred

チケットを求めて100人以上が並んでいました。

Oil prices rose **above** **50** US dollars a barrel.
fifty

石油価格は1バレルあたり50米ドル以上に（より上に）値上がりしました。

The US dollar rose **above** **120** yen.
one hundred (and) twenty

米ドルは120円台に（より上に）値上がりしました。

His salary is **over** **10,000** euros a month.
ten thousand

彼の給料は月1万ユーロ以上（より上）です。

The company's annual turnover is **over** **250,000,000** dollars.
two hundred (and) fifty million

会社の年商は2億5,000ドル超えです。

＊ annual turnover（年商）

Admission is free for seniors aged **65** **and above/over**.
sixty-five

65歳以上のシニアは入場無料です。

You can get one free if you order **2** **or more**.
two

2つかそれ以上注文すれば、1つ無料でついてくるよ。

程度④
～より下、～以下

Track 58

Check! ボキャブラリー

less than ～	～より少ない、～未満
below ～	～より少ない、～未満
under ～	～未満
～ or less	～以下

Tips なるほど！　ポイント

「～以上」と同じように、英語には「～以下」に相当する単語がありません。たとえば「10個以下」を正確に訳すなら、less than 11、または10 or lessなどとなります。

フレーズで言ってみよう

18,900 yen (eighteen thousand nine hundred) → **less than** 20,000 yen (twenty thousand)

79.5% (seventy-nine point five) → **below** 80% (eighty)

1–19 years old (one to nineteen) → **under** 20 years old (twenty)

1–15 (one to fifteen) → 15 **or less** (fifteen)

129 centimeters (one hundred (and) twenty-nine) → **under** 130 centimeters (one hundred (and) thirty)

39.23 dollars (thirty-nine point two three) → **less than** 40 dollars (forty)

1 hour and 40 minutes (one, forty) → **less than** 2 hours (two)

英文で言ってみよう

I have **less than** **500** yen in my wallet.
five hundred

私は財布の中に500円も持っていない。

I had **less than** **3** working days to prepare for the presentation.
three

私はプレゼンのための準備期間として3営業日さえもありませんでした。

It cost me **less than** **3,000** yen.
three thousand

3,000円もしなかったよ。

My TOEIC score is **below** **900**.
nine hundred

私のTOEICのスコアは900点もありません。

If you score **below** **40** on your test, you fail.
forty

そのテストで40点より下だったら落第ですよ。

Orders **under** **100** dollars are subject to a handling fee of **20** dollars.
one hundred / twenty

100ドル未満の注文については20ドルの手数料が課されます。

＊ handling fee（手数料）、subject to ～（～が課される）

He only earns **80,000** yen **or less** a month.
eighty thousand

彼は月に8万円かそれ以下しか稼いでいない。

Only children **under** **130** centimeters can ride this kids' train.
one hundred (and) thirty

この子ども用電車には130センチ未満の子どもしか乗れません。

程度⑤ 上限・下限

Track 59

Check! ボキャブラリー

no more than ～	たった～しか
only ～	たった～しか
not more than ～	多くても～、せいぜい～
～ at most	多くても～、せいぜい～
no less than ～	～もの、～ほども多く
as many/much as ～	～もの、～ほども多く
not less than ～	少なくとも～
at least ～	少なくとも～
a minimum of ～	最低限（の）～
a maximum of ～	最高・最大限（の）～

Tips なるほど！　ポイント

no/not + more/less + than の組み合わせは混乱しやすいので、注意しましょう！

フレーズで言ってみよう

たった20ドル → **no more than** 20 dollars twenty
たった10円 → **only** 10 yen ten
1,000人も → **no less than** 1,000 people one thousand
少なくとも50ドル → **not less than** 50 dollars fifty
少なくとも5ページ → **at least** 5 pages five
最低30ドル → **a minimum of** 30 dollars thirty

英文で言ってみよう

I have **no more than** **500** yen.
five hundred

私はたった500円しか持っていない。

I **only** have **10** dollars.
ten

私はたった10ドルしか持っていない。

She has **not more than** **1,000** yen.
one thousand

彼女はせいぜい1,000円しか持っていない。

The accident killed **no less than** **100** people.
one hundred

その事故は100人もの命を奪った。

There were **as many as** **300** guests at the party.
three hundred

パーティには300人もの招待客がいた。

The accident killed **not less than** **100** people.
one hundred

その事故は少なくとも100人の命を奪った。

I need **at least** **7** hours of sleep a day.
seven

私は少なくとも1日7時間の就寝時間が必要です。

Passwords must contain **a minimum of** **8** characters.
eight

パスワードは最低でも8文字なければいけない。

The maximum occupancy of each room at this hotel is **4** people.
four

このホテルの1部屋あたり収容可能な最大人数は4名です。

程度⑥ ちょうど、ぴったり

Track 60

Check! ボキャブラリー

just ～	ちょうど～
exactly ～	ちょうど～、ぴったり～
～ precisely ～	(正確に)ちょうど～、ぴったり～
～ sharp	～時ちょうど (時間限定)

* preciselyの前または後ろに数字がつきます。

Tips なるほど! ポイント

justには他に「たった～しか」という意味もあり、たとえば「たった5分しかない」と言いたい場合は、I just have 5 minutes.のように動詞haveを修飾・強調する形で使います。上のように「ちょうど」という意味を表すには、You have just 5 minutes.のようにjustを数の前に置くことで「5分きっかり(時間をあげよう)」となります。

フレーズで言ってみよう

ちょうど5人 → **just** 5 people five

ちょうど3メートル → **just** 3 meters three

ぴったり5分 → **exactly** 5 minutes five

ぴったり10キログラム → **exactly** 10 kilograms ten

ぴったり3ミリ → **precisely** 3 millimeters three

ぴったり10,512円 → **precisely** 10,512 yen
ten thousand five hundred (and) twelve

3時ちょうど → 3 o'clock **sharp** three

12時ちょうど → 12 o'clock **sharp** twelve

英文で言ってみよう

It's **just** before **5** o'clock.
five

ちょうど5時前です。

That happened **just** **1** week ago.
one

それはちょうど1週間前に起きました。

He came back at **exactly** **11** o'clock.
eleven

彼はぴったり11時に戻ってきました。

I have **exactly** **120** yen.
one hundred (and) twenty

ちょうど120円あります。

I have **exactly** **2** more weeks until the exam.
two

試験まであとちょうど2週間あります。

The meeting will start at **1** o'clock **precisely**.
one

ミーティングは1時きっかりに始まります。

Add **precisely** $3\frac{1}{2}$ tablespoons of coconut oil.
three and a half

ココナッツオイルを正確に大さじ3杯半加えてください。

We'll leave at **5** o'clock **sharp**.
five

私たちは5時ぴったりに出発するよ。

We will start the meeting at **9** o'clock **sharp**.
nine

9時ぴったりに会議を始めます。

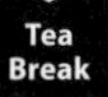

会話の発音の法則(後編)

“T”の法則(続き)

Tには音の変化に関するたくさんの法則があります。Tは音が代わることもあれば消える(発音されない)こともあり、英語学習者を困らせます。以下の法則を覚えておきましょう。

●Dに近い発音に変わるT(flap T)

アメリカ英語で、TがDの音に変化することは比較的よく知られていますね。Tが母音の後にあるときやRの後にあるときに起きる変化です。本書の音声はアメリカ英語のナレーターさんが読んでおり、flap Tの音で収録されています。基本的に、数字で-tyがつくthirty以降の単語はディのようにDの音で読まれます。

●Nの後のTは省略できる

単語の途中にあるNの後に来るTの音は省略可能です。たとえばcenterは「セナー」、internationalは「イナナーショナル」のように発音されます。そのため、twentyについては、アメリカ英語ではトゥエニィと読むことが多いです。しかし、flap Tの法則が優先されるNの入った単語もあります。seventy, ninetyなどがその例です。セヴェンニー、ナイニーよりもセヴンディー、ナインディーを耳にするのはそのためです。この他、carpenterなどの単語も、Nの後のTがflap Tで発音されます。

●語尾のT(stop T)の変化

語尾のTは息を出さず音が止められることがあります。そのためp. 124で触れたように、Tの音は消失します。しかし、文の中で母音がTの後にある場合は、flap Tに変わることもあります。後ろにどんな音があるかを考えて発音しましょう。

(例:Eight is enough.「8個で十分だよ」をflap Tで発音すると→エイディゼナフ)

CHAPTER 5

数字とセットで使う単位の表現

長さや重さなど、様々な英語の単位表現を学びます。日本ではめったに使わないものもありますが、TOEICなどのテスト問題などで頻繁に登場する単位もあるのでしっかり覚えましょう！

単位①
通貨単位　ドル

Track
61

Check! ボキャブラリー

dollar ($)	ドル（アメリカなどの通貨単位）
cent (¢/c)	セント（ドルの補助通貨）
buck	dollarの口語

Tips なるほど！　ポイント

アメリカの通貨はドル（$）とセント（¢）、1ドルは100セントです。紙幣は1ドル札、5ドル札、10ドル札、20ドル札、50ドル札、100ドル札があります。米ドルの硬貨にはそれぞれ固有名詞があり、penny (1¢), nickel (5¢), dime (10¢), quarter (25¢), half dollar (50¢) と呼びます。ドルはアメリカ以外の国でもカナダドル、オーストラリアドル、ニュージーランドドルなどが使われています。

ドルとセントなど、通貨単位と補助通貨単位を組み合わせるときは小数点で表示します。ただしこの場合、pointを使った小数点読みはしません。セントの部分は、２桁の数字と同じように読みます。

フレーズで言ってみよう

15ドル → $15 fifteen dollars
700ドル → $700 seven hundred dollars
2万ドル → $20,000 twenty thousand dollars
100万ドル → $1,000,000 one million dollars
3.99ドル → $3.99 three (dollars and) ninety-nine (cents)
28.60ドル → $28.60 twenty-eight (dollars and) sixty (cents)

英文で言ってみよう

It costs $180.
one hundred (and) eighty (dollars)
それは180ドルします。

The initial charge of a cab in New York is $2.50.
two (dollars and) fifty (cents)
ニューヨークのタクシーの初乗り運賃は2ドル50セントです。

That will be $15.30 in total.
fifteen (dollars and) thirty (cents)
合計15ドル30セントになります。

Could you please take 75¢ from here? I'm not used to American coins.
seventy-five cents
ここから75セント取ってくれますか？　ドルのコインに慣れていないので。

Do you want to add extra cheese for 99¢?
ninety-nine cents
99セント追加でチーズの増量はいかがですか。

I paid $500 for one night at that hotel.
five hundred dollars
私はあのホテルで1泊500ドル払いました。

Do you have a dime?
1ダイム（10セント）ありますか？

This vending machine only takes quarters.
この自動販売機は1クォーター（25セント）しか受け付けません。

I only have a 20-dollar bill now.
twenty
私は今、20ドル紙幣しか持っていません。

＊ bill は紙幣の意味。20-dollar は bill に対する形容詞として使われているため、ハイフンが入ります。(→ p. 190)

単位②
通貨単位　ポンド

Track 62

Check! ボキャブラリー

pound (£)	ポンド（イギリスなどの通貨単位）
penny/［複数形］pence (p)	ペニー / ペンス（ポンドの補助通貨）
quid	ポンドの口語

Tips なるほど！　ポイント

イギリスの通貨はポンド（£）とペンス（p）、1ポンドは100ペンスです。紙幣は5ポンド札、10ポンド札、20ポンド札、50ポンド札、すべてエリザベス女王の肖像が描かれています。硬貨は1ペンス、2ペンス、5ペンス、10ペンス、20ペンス、50ペンス、1ポンド、2ポンドです。ポンドといえば通常はイギリスポンド（UK pound）を指しますが、他にエジプトなどでもエジプトポンドとして使われています。

フレーズで言ってみよう

4ポンド → £4 four pounds

25ポンド → £25 twenty-five pounds

50.10ポンド → £50.10 fifty pounds and ten pence

86.20ポンド → £86.20 eighty-six (pounds and) twenty (pence)

23.75ポンド → £23.75 twenty-three (pounds and) seventy-five (pence)

550ポンド → £550 five hundred (and) fifty pounds

英文で言ってみよう

I bought an antique lamp for £12 at a flea market in London.
twelve pounds

私はロンドンの蚤の市でアンティーク・ランプを12ポンドで買いました。

Can you make it £19?
nineteen pounds

19ポンドに負けて（値引きして）くれますか。

Wait. I think I have 5p.
five pence

ちょっと待って。たしか5ペンス持ってたはずです。
＊pence は略称でp（ピー）とも言います。

Bus fare in London is £1.50.
one (pound and) fifty (pence)

ロンドンのバス代は1ポンド50ペンスです。

The tube fare between zones **1** and **4** is £5.90 if you pay in
one four five (pounds and) ninety (pence)

cash, and £3.90 with Oyster.
three (pounds and) ninety (pence)

チューブ（ロンドンの地下鉄）のゾーン１から４までの料金は現金で5.90ポンド、オイスターで3.90ポンドです。
＊オイスターとは、日本のスイカやパスモのようなプリペイドカードのこと。

You can have a nice English breakfast for about £8 to £12.
eight to twelve pounds

おいしいイングリッシュ・ブレックファストはだいたい8ポンドから12ポンドあれば食べられるよ。

Fish and chips at a pub in London will cost around £12 to £15.
twelve to fifteen pounds

ロンドンのパブでフィッシュ・アンド・チップスは12ポンドから15ポンドぐらいです。

単位③
通貨単位　ユーロ

Track 63

Check! ボキャブラリー

euro (€)	ユーロ（EUの共通通貨単位）
cent (c)	セント（ユーロの補助通貨）

Tips なるほど！　ポイント

ヨーロッパの主要通貨はユーロ（€）とセント（c）で、欧州連合（European Union [EU]）の共通通貨です。1ユーロは100セントとなります。EU加盟国であってもユーロを導入していない国があったり、EU非加盟国などが導入していたりすることもあります。広く流通している紙幣は5ユーロ札、10ユーロ札、20ユーロ札、50ユーロ札、100ユーロ札。硬貨は1セント、2セント、5セント、10セント、20セント、50セント、1ユーロ、2ユーロです。

フレーズで言ってみよう

85ユーロ　→ €85 eighty-five euros

370ユーロ　→ €370 three hundred (and) seventy euros

15.40ユーロ → €15.40 fifteen (euros and) forty (cents)

37.25ユーロ → €37.25 thirty-seven (euros and) twenty-five (cents)

88.80ユーロ → €88.80 eighty-eight (euros and) eighty (cents)

3,500ユーロ → €3,500 three thousand five hundred euros

英文で言ってみよう

How about €10 for **2** of them?
ten euros　two
それ2つで10ユーロはどうですか？

I only have €25 with me now, so I'll come back later.
twenty-five euros
今は25ユーロしか持っていないので、後で戻ってきます。

Sorry, I only have a €100 bill.
(one) hundred euro
すみません、100ユーロ紙幣しか持っていません。

＊a €100 billは「100ユーロ紙幣1枚」の意味なので、€100のeuroは単数形です。

No, €30 is too expensive.
thirty euros
いや、30ユーロは高すぎるよ。

You can buy a bottle of beer for about 70c in Germany which is dirt cheap!
seventy cents
ドイツでは瓶ビール1本を70セントくらいで買えてとにかく激安！

＊dirt cheap（すごく安い）

The admission fee of the Louvre Museum is €15.
fifteen euros
ルーヴル博物館の入館料は15ユーロです。

€60 is about **¥7,000** at the current exchange rate.
sixty euros　seven thousand yen
60ユーロは現在の為替レートで約7,000円です。

I bought apples for €2.40 a kilo at a morning market in Paris.
two (euros and) forty (cents)
パリの朝市でリンゴを1キロ2ユーロ40セントで買いました。

単位④
長さ(メートル法)

Check! ボキャブラリー

[米]meter / [英]metre (m)	メートル
kilometer (km)	キロメートル
centimeter (cm)	センチメートル
millimeter (mm)	ミリメートル

Tips なるほど！　ポイント

キロメートル、センチメートル、ミリメートルは、メートルを基本単位として、それぞれChapter 6で紹介する接頭語kilo(1,000倍)、centi(100分の1)、milli(1,000分の1)をつけたものです。millimeterよりもさらに小さいmicro(マイクロ)、nano(ナノ)などもありますが、専門的すぎるのでここでは外しました。なお、2以上の場合は複数形になります。

kilometerの発音には、最初のkiに強勢がある「キロミーター(キロミーダー)」とloに強勢がある「キラーミター(キラーミダー)」の2種類があります。

フレーズで言ってみよう

1メートル → 1 m one meter

42.2キロメートル → 42.2 km forty-two point two kilometers

175センチメートル → 175 cm one hundred (and) seventy-five centimeters

2.5ミリメートル → 2.5 mm two point five millimeters

英文で言ってみよう

He is **180** cm tall.
one hundred (and) eighty centimeters
彼は身長180センチです。

Tokyo's Rainbow Bridge is **798** m long.
seven hundred (and) ninety-eight meters
東京のレインボーブリッジは全長798メートルです。

Japan's longest bridge is the Aqua Bridge which is **4,384** m long.
four thousand three hundred (and) eighty-four meters
日本で最も長い橋はアクアブリッジで、全長4,384メートルある。

I had a fried shrimp in Nagoya that was **35** cm long!
thirty-five centimeters
名古屋で長さ35センチもあるエビフライを食べたよ！

The official distance of a marathon is **42.195** km.
forty-two point one nine five kilometers
マラソンの公式距離は42.195キロメートルです。

Mount Fuji is **3,776.12** m high.
three thousand seven hundred (and) seventy-six point one two meters
富士山は3,776.12メートルの高さです。

The height of Mount Everest is **8,849** m.
eight thousand eight hundred (and) forty-nine meters
エベレスト山の標高は8,849メートルです。

When you line up three salt grains, the length is about **1** mm.
one millimeter
塩粒を3つ並べると、長さはだいたい1ミリになります。

単位⑤
長さ（ヤード・ポンド法）

Track 65

Check! ボキャブラリー

inch (in.)	インチ（$\frac{1}{12}$フィート＝2.54センチ）
foot/［複数］feet (ft.)	フィート（＝12インチ＝30.48センチ）
yard (yd.)	ヤード（＝3フィート＝91.44センチ）
mile (mi.)	マイル（＝1,760ヤード≒1.609キロ）

Tips なるほど！　ポイント

日本ではなじみのない「ヤード・ポンド法」で規定されている長さの単位がインチ、フィート、ヤード、マイルです。主要国でこれらの単位を使っているのはアメリカだけですが、イギリスでも身長を測るときなどはインチ・フィートで表現しますので、覚えておくと便利でしょう。160センチは約5フィート3インチです。

フレーズで言ってみよう

10インチ → 10 in. ten inches

1フィート → 1 ft. one foot

12フィート → 12 ft. twelve feet

6フィート4インチ → 6 ft. 4 in.* six feet/foot four inches

5ヤード → 5 yd. five yards

800マイル → 800 mi. eight hundred miles

＊身長を表す定番表現として、インチとフィートを組み合わせて「6' 4"」と表すこともできます。フィートの複数形は通常feetですが、口語ではfootとも読みます。

英文で言ってみよう

The tape is **3** inches wide.
three

テープは幅3インチである。

The pipe has an outside diameter of **14** inches.
fourteen

そのパイプは外径14インチある。

1 ft. is equal to **12** inches, or **30.48 cm**.
one foot twelve thirty point four eight centimeters

1フィートは12インチまたは30.48センチに等しい。

The longest touchdown run record in American football is **99** yards.
ninety-nine

アメフトの最長タッチダウン・ラン記録は99ヤードだ。

The width of the Amazon River reaches over **30** miles during the rainy season.
thirty

アマゾン川の川幅は雨季の間は30マイルにも達する。

I'm **5** feet **4** inches tall. / I'm 5' 4''.
five four five four

私は身長が5フィート4インチ（163センチ）あります。

My brother is **6** feet **7** inches tall. / My brother is 6' 7''.
six seven six seven

私の兄は身長が6フィート7インチ（約2メートル）あります。

＊日常会話では、身長はtallを省略したり、I'm six feet ten.と「インチ」を省略したり、I'm six seven.と両方の単位を省略したりするほうが一般的です。

単位⑥
重さ（メートル法）

Track
66

Check! ボキャブラリー

gram (g)	グラム
kilogram (kg)	キログラム
milligram (mg)	ミリグラム
metric ton (tonne または t.)	メートル法のトン（=1,000 キログラム）

Tips なるほど！　ポイント

アメリカやイギリスでは主に、次項で紹介するポンドが使われています。

キロやミリなどはすでに紹介した距離などの単位でも使われますが、体重など重さについての話題だとはっきりしている場合、gram は省略して kilo(s) のように言うこともできます。

ton はメートル法、ヤード・ポンド法によって重さが若干異なります。1 ton はメートル法だと 1,000 kg、ヤード・ポンド法の米トンは 907.18 kg、英トンは 1,016.05 kg になります（→ p. 152）。

フレーズで言ってみよう

50 グラム → 50 grams fifty grams

1 キログラム → 1 kilogram one kilogram

1.5 キログラム → 1.5 kilograms one point five kilograms

13.5 キログラム → 13.5 kilograms thirteen point five kilograms

10 ミリグラム → 10 milligrams ten milligrams

30 ミリグラム → 30 milligrams thirty milligrams

5 トン → 5 tons five tons

英文で言ってみよう

It weighs **120** grams.
one hundred (and) twenty
重さは120グラムです。

Can I have **500** grams of ground beef?
five hundred
牛ひき肉を500グラムもらえますか。

I weigh **75** kilograms.
seventy-five
私の体重は75キログラムです。

The average weight of sumo wrestlers is about **160** kilograms.
one hundred (and) sixty
力士の平均体重は約160キログラムです。

I gained **3** kilos in **2** weeks.
three two
私は2週間で3キロも太ってしまいました。

I lost **5** kilos in **1** month.
five one
私は1か月で5キロ痩せました。

The recommended daily intake of vitamin C is **100** milligrams.
one hundred
ビタミンCの推奨摂取量は1日100ミリグラムです。

My blood sugar level is generally between **70** mg/dL to
seventy milligrams per deciliter
130 mg/dL.
one hundred (and) thirty milligrams per deciliter
私の血糖値は通常は70 mg/dLから130 mg/dLの間です。

単位⑦ 重さ（ヤード・ポンド法）

Track 67

Check! ボキャブラリー

ounce (oz.)	オンス（$=\frac{1}{16}$ポンド≒28グラム）
pound (lb.)	ポンド（=16オンス≒453グラム）
ton (t.)	トン（=[米]2,000ポンド、[英]2,240ポンド）
stone (st.)	ストーン（=14ポンド≒6.35キログラム）、単複同形

Tips なるほど！　ポイント

グラム・キログラムによる重量表現が基本の日本と違い、イギリスやアメリカではヤード・ポンド法が定めるポンド（発音は「パウンド」）とオンス（発音は「アウンス」）を主に使います。ポンドはイギリスの貨幣単位でもありますね。ストーンはイギリスでのみ使用される体重の単位で、1ストーンは約6.35キロとなります。メートル法のトン（1メトリックトン）は1,000キロですが、ヤード・ポンド法では、アメリカでは2,000ポンド、イギリスでは1トンが2,240ポンドという違いがあります。ちなみに、メートル法のトンをtonneと表記するように国際度量衡委員会が定めているものの、アメリカではmetric tonと表記されることが多いようです。

フレーズで言ってみよう

15オンス → 15 oz. fifteen ounces

300ポンド → 300 lb. three hundred pounds

50トン → 50 tons fifty tons

9ストーン → 9 stone nine stone

英文で言ってみよう

1 pound is about **450 grams**.
one four hundred (and) fifty
1ポンドは約450グラムである。

She weighs **110 pounds**.
one hundred (and) ten
彼女の体重は110ポンドです。

1 pound is equal to **16 ounces**.
one sixteen
1ポンドは16オンスに等しい。

1 ounce is $\frac{1}{16}$ of a **pound**.
one one-sixteenth
1オンスは1ポンドの16分の1である。

He ordered a **1-pound** steak but I only had **8 ounces**.
one eight
彼は1ポンドのステーキを注文したが、私は8オンスだけ食べた。

The world's largest passenger ship has a displacement of about **132,000 tons**.
one hundred (and) thirty-two thousand
世界最大の旅客船は約13万2,000トンの排水量がある。
＊ displacement（排水量）

The truck has a maximum load of **25 tons**.
twenty-five
そのトラックは最大25トン積載できる。

I read an article saying more than **11,000,000,000 tons** of waste is generated every year around the world.
eleven billion
世界で毎年110億トンのごみが出ているという記事を読んだ。

単位⑧　面積

Track 68

Check! ボキャブラリー

square meter (sq. m / m^2)	平方メートル・平米
square centimeter (cm^2)	平方センチメートル
square kilometer (sq. km / km^2)	平方キロメートル
square foot/feet (sq. ft. / ft^2)	平方フィート
square yard (sq. yd. / yd^2)	平方ヤード
hectare (ha)	ヘクタール （= 10,000平方メートル）
acre (ac.)	エーカー （≒ 4,047平方メートル）

Tips なるほど！　ポイント

ヘクタールはメートル法における面積の単位で、現在は使われないare（アール）と100倍を表す接頭語のヘクトが組み合わさったものです。エーカーはヤード・ポンド法における面積単位です。

フレーズで言ってみよう

9平方メートル → 9 sq. m　nine square meters

36万4,000平方キロメートル → 364,000 sq. km　three hundred (and) sixty-four thousand square kilometers

12平方フィート → 12 sq. ft.　twelve square feet

100平方ヤード → 100 sq. yd.　one hundred square yards

300ヘクタール → 300 hectares　three hundred hectares

650エーカー → 650 acres　six hundred (and) fifty acres

英文で言ってみよう

The standard booth size is **9** sq. m.
nine square meters
スタンダードブースのサイズは9平方メートルです。

Tuvalu's land area is only **26** sq. km.
twenty-six square kilometers
ツバルの土地面積はたった26平方キロメートルです。
＊南太平洋にある国。

Japan's land size is **377,900** sq. km.
three hundred (and) seventy-seven thousand nine hundred square kilometers
日本の土地面積は377,900平方キロメートルです。

The total area of the United States is about **9,800,000** sq. km.
nine million eight hundred thousand [nine point eight million] square kilometers
アメリカの土地面積は約980万平方キロメートルです。

She lives in a condominium with a floor space of **1,200** sq. ft.
one thousand two hundred square feet
彼女は床面積1,200平方フィートのマンションに住んでいる。

This carpet is priced at **$19.20 /** sq. yd.
nineteen (dollars and) twenty (cents) per square yard
このカーペットの値段は1平方ヤードあたり19ドル20セントです。
＊ nineteen dollars and twenty cents per square yardだと長いので、dollarsとcentsを省略して言うのが一般的。

Japan has **25,000,000** hectares of forest.
twenty-five million
日本は森林が2,500万ヘクタールある。

The total vineyard area of Bordeaux is about **120,000** hectares,
one hundred (and) twenty thousand
or about **300,000** acres.
three hundred thousand
ボルドーの全ブドウ栽培面積は約12万ヘクタール、または約30万エーカーである。

単位⑨
容積・体積

Track
69

Check! ボキャブラリー

liter［米］/litre［英］(l)	リットル（発音は「リーター」）
pint	パイント（グラス入りビールなど限定的）
gallon	ガロン（＝［米］約3.8リットル。ガソリンなど）
quart	クォート（$=\frac{1}{4}$ガロン。飲料や穀類など）
barrel	バレル（「樽」の意。ボリュームの多い原油など）
cubic meter (m^3)	立方メートル
cubic centimeter (cm^3)	立方センチメートル

Tips なるほど！　ポイント

リットルは水など様々な液量を表すメートル法の体積・容積単位で、「1,000分の1」を表すmilliをつけるとmilliliter (mL)になります。パイント、ガロン、クォート、バレルはヤード・ポンド法に分類されます。体積を表す単位として立方 (cubic)もあり、立方メートル以外に立方インチ、立方ヤードなどの単位もあります。

フレーズで言ってみよう

水5リットル → 5 **liters** of water
ビール1パイント → a **pint** of beer
ガソリン12ガロン → 12 **gallons** of gasoline
ミルク2クォート → 2 **quarts** of milk
原油1バレル → a **barrel** of crude oil
5.8立方メートル → 5.8 **cubic meters**

☑ 英文で言ってみよう

I need **10** liters of water.
ten

水10リットル必要です。

Can I have a pint of stout, please?

スタウト（黒ビール）を1パイントもらえますか。

I'll have half a pint of draught beer.

私は生ビールを半パイントいただきます。

＊ draught beer（draft beer［生ビール］のイギリス英語表記）

1 gallon is about **3.8** liters.
one three point eight

1ガロンは約3.8リットルです。

About **380,000,000** gallons of gasoline is consumed per day
three hundred (and) eighty million
in the United States.

アメリカでは1日約3億8,000万ガロンのガソリンが消費される。

1 barrel of oil is equal to about **159** liters.
one one hundred (and) fifty-nine

1バレルの石油は約159リットルに相当します。

Global demand of oil is estimated at about **35,000,000,000**
thirty-five billion
barrels a year.

世界の石油需要は年間約350億バレルと推定されています。

1 cm^3 and **1** mL are the same.
one cubic centimeter one mililiter

1立方センチメートルと1ミリリットルは同じです。

単位⑩ 時間・期間・速度

Check! ボキャブラリー

second	秒	week	週
minute	分	month	月
hour	時間	year	年
o'clock	時	～kilometers per hour (km/h, kph)	時速～キロ
day	日	～miles per hour (mph)	時速～マイル

Tips なるほど！　ポイント

時間は最小単位の秒から始まり、分・時・日・週・月・年と続きます。「10年 decade」や「100年 century」などは後ほどChapter 6で紹介します。速度の単位には他に、飛行機などの速さを表すマッハ（Mach）や船の速さを表すノット（knot）などもあります。

フレーズで言ってみよう

10秒 → 10 **seconds**
15分 → 15 **minutes**
24時間 → 24 **hours**
7日間 → 7 **days**
2週間 → 2 **weeks**
12か月 → 12 **months**
150年 → 150 **years**
時速148キロ → 148 **km/h** one hundred (and) forty-eight kilometers per hour
時速95マイル → 95 **mph** ninety-five miles per hour

英文で言ってみよう

The world record for the men's **100** meters is **9.58** seconds.
one hundred / nine point five eight

男子100メートルの世界記録は9秒58だ。

I waited for **15** minutes, but he didn't come.
fifteen

私は15分待ったが、彼は来なかった。

My dog needs to be walked for at least **2** hours a day.
two

私の犬は最低でも1日2時間の散歩が必要です。

I wish I could work only **3** days a week.
three

1週間に3日しか働かなくてよければいいのに。

He was hospitalized for **3** weeks.
three

彼は3週間入院していた。

The data will be made available in **6** months.
six

データは6か月後に入手可能になる。

The castle was built **350** years ago.
three hundred (and) fifty

この城は350年前に建てられました。

The Shinkansen runs at a maximum speed of **320** km/h, or **200** mph.
three hundred (and) twenty kilometers per hour / two hundred miles per hour

新幹線は最高時速320キロメートル、または時速200マイルで走る。

単位⑪ 角度・経緯度・温度

Track 71

Check! ボキャブラリー

～ degree(s)	～°	～度
latitude ～ degrees north/south	lat. ～° N/S	北緯・南緯～度
longitude ～ degrees east/west	long. ～° E/W	東経・西経～度
～ degree(s) Celsius	～° C	摂氏～度
～ degree(s) Fahrenheit	～° F	華氏～度

Tips なるほど！　ポイント

Celsius（摂氏）は、centigradeと言うこともあります。アメリカでは気温や体温など、温度はFahrenheit（華氏）で表すのが一般的です。摂氏36度は華氏96.8度にあたります。（→p. 59、p. 208）

フレーズで言ってみよう

40度 → 40° 40 degrees

北緯35度 → lat. 35° N latitude 35 degrees north (= 35 degrees north latitude)

南緯15度 → lat. 15° S latitude 15 degrees south (= 15 degrees south latitude)

東経18度 → long. 18° E longitude 18 degrees east (= 18 degrees east longitude)

西経21度 → long. 21° W longitude 21 degrees west (= 21 degrees west longitude)

摂氏40度 → 40° C 40 degrees Celsius/centigrade

華氏86度 → 86° F 86 degrees Fahrenheit

英文で言ってみよう

The road rises with a slope of 6°.
six degrees

この道は6度の上り勾配になっている。

A right angle is equal to 90°.
ninety degrees

直角は90度と等しい。

The temperature now in Tokyo is 28°C.
twenty-eight degrees Celsius

東京の現在の気温は摂氏28度です。

It will be chilly today with a high of 56°F.
fifty-six degrees Fahrenheit

今日は肌寒く、最高気温は華氏56度の見込みです。

The weather will be mostly clear, with a low around 66°F.
sixty-six degrees Fahrenheit

天気は概ね晴れで、最低気温は華氏66度の予想です。
＊ low（最低気温）

The normal body temperature is around 37°C.
thirty-seven degrees Celsius

平熱は摂氏37度あたりだ。

37°C is equivalent to 98.6°F.
thirty-seven degrees Celsius　ninety-eight point six degrees Fahrenheit

摂氏37度は華氏98.6度と同等だ。
＊ equivalent to ～（～に等しい）

I have a temperature of 104°F.
one hundred (and) four degrees Fahrenheit

華氏104度の体温（高熱）があります。（摂氏40度）

単位⑫ ofを使った数量表現1(生活編)

Track 72

Check! ボキャブラリー

a cup of ～	1カップの～
a glass of ～	グラス1杯の～
a box of ～	1箱の～
a can of ～	1缶の～
a bottle of ～	1瓶・1本の～
a slice of ～	1切れ・1枚の～
a teaspoon of ～	小さじ1杯の～
a tablespoon of ～	大さじ1杯の～
a bowl of ～	器・どんぶり1杯の～
a serving of ～	1人分の～
a piece of ～	1個の～
a set of ～	1セットの～
a pair of ～	1ペア・1対・1足の～
a unit of ～	1ユニットの～
a copy of ～	1部・1冊の～
a type of ～	1種類の～
a way of ～	～の1つの方法

Tips なるほど！　ポイント

ここで紹介するofを使った数量表現はほんの一部ですが、日常でも比較的よく使うものを中心にまとめました。ちなみにa piece of cakeは直訳の「ケーキ1切れ」以外に「ちょろいもんさ」という意味もありますよ！

フレーズで言ってみよう

コーヒー1杯 → a cup of coffee
赤ワイン3本 → 3 bottles of red wine
砂糖大さじ2杯 → 2 tablespoons of sugar
ラーメン1杯 → a bowl of ramen noodles

英文で言ってみよう

Can I have **a glass of** water?
水を1杯もらえますか。

We drank **10** **bottles of** wine last night.
ten
私たちは昨夜ワインを10本飲みました。

Add **3** **tablespoons of** sugar, and stir.
three
砂糖を大さじ3杯加えてかき混ぜてください。

I had **a bowl of** ramen and **2** **servings of** gyoza dumplings.
two
ラーメン1杯と餃子2人前を食べました。

Full marks on the TOEIC? **A piece of** cake!
TOEICで満点？　ちょろいね！

I bought **2** **pairs of** shoes and **4** **pairs of** socks.
two / four
靴2足と靴下4足買いました。

There are **3** **ways** to get to Haneda Airport, either by subway, monorail, or bus.
three
羽田空港に行くには地下鉄、モノレールまたはバスという3つの方法があります。

単位⑬ ofを使った数量表現2（ビジネス・お金編）

Check! ボキャブラリー

an average of ～	平均で～
a balance of ～	差額で～
a total of ～	総計・総額で～
a profit of ～ / a loss of ～	～の利益/損失
a revenue of ～	～の収入・収益
an increase of ～ / a decrease of ～	～の増加/減少
a growth of ～	～の成長・増加
a surplus of ～ / a deficit of ～	～の黒字/赤字
an estimate of ～	～の見込み、推定～
a share of ～	～のシェア

Tips なるほど！　ポイント

ビジネス・TOEIC対策で知っておきたい数量表現をまとめました。「弊社工場では月産1万トンを製造しています」と言うなら、We produce 10,000 tons every month. よりもOur monthly production capacity is 10,000 tons. のほうが知的な印象を与えます。

フレーズで言ってみよう

平均15% → **an average of** 15%　fifteen

450万ドルの差額 → **a balance of** 4 $\frac{1}{2}$ million dollars　four and a half

合計2,000トン → **a total of** 2,000 tons　two thousand

1億2,000万ドルの収益 → **a revenue of** 120,000,000 dollars　one hundred (and) twenty million

4.8%の増加 → **an increase of** 4.8%　four point eight

英文で言ってみよう

Japanese people spend **an average of** around **¥8,000** a month on smartphones.
(¥8,000: eight thousand yen)

日本人は平均でスマートフォンに月8,000円前後使っている。

I have to pay off **a balance of** **$1,200** on my credit card.
($1,200: one thousand two hundred dollars)

私はクレジットカード上の（使った金額とすでに支払った金額の差額の）1,200ドルを支払わないといけません。

Our annual sales reached **a total of** **$500,000** last year.
($500,000: five hundred thousand dollars)

弊社の昨年の年間売上は総額50万ドルを超えた。

The company reported **a loss of** **$20,000,000** resulting from the slowdown in emerging economies.
($20,000,000: twenty million dollars)

会社は新興国の景気減退により2,000万ドルの損失を計上した。

Japan's economy expanded, marking **an increase of** **7.4%** from the previous quarter.
(7.4%: seven point four percent)

日本の景気は拡大し、前四半期から比べて7.4%も増加した。

Japan registered **a trade deficit of** **¥35,000,000,000** in the first quarter.
(¥35,000,000,000: thirty-five billion yen)

日本は第1四半期に350億円の貿易赤字を記録した。

An estimate of **10,000** people already visited the exhibit.
(10,000: ten thousand)

すでに推定1万人が展示会を訪問しました。

The company has **a share of** **30%** of the global market.
(30%: thirty percent)

その会社は世界市場の30%のシェアを持っています。

不可算名詞を数える方法

英語には可算名詞と不可算名詞があります。不可算名詞はその名の通り、そのままでは「数えられない」のでI need 2 papersのように数字＋複数形のsで数量について述べることはできません。紙であればI need 2 sheets of paper.とし、sheetに複数形のsをつけます。coffeeのような液体やmeatのように小さく分けるもの、そしてriceのように数えられないほど大量にあるものなどが不可算名詞とされている傾向があります。これに加えて、気体や粒子状のものも不可算名詞です。これらの不可算名詞の数量について述べるときに必要になる表現を覚えておきましょう。

単数：a bottle of ～ 複数：2 bottles of ～	瓶に 入っているもの	a bottle of wine, a bottle of soy sauce, a bottle of oil, a bottle of shampoo, a bottle of conditioner
単数：a cup of ～ 複数：2 cups of ～	カップに 入っているもの	a cup of coffee, a cup of tea, a cup of milk, a cup of ice cream, a cup of corn
単数：a glass of ～ 複数：2 glasses of ～	グラスに 入っているもの	a glass of water, a glass of orange juice, a glass of wine, a glass of beer
単数：a can of ～ 複数：2 cans of ～	缶に 入っているもの	a can of soda, a can of apple juice, a can of soup, a can of beans, a can of paint
単数：a slice of ～ 複数：2 slices of ～	薄切り されたもの	a slice of meat, a slice of bread, a slice of cake, a slice of watermelon, a slice of cheese
単数：a sheet of ～ 複数：2 sheets of ～	薄いもの	a sheet of paper, a sheet of music, a sheet of plastic, a sheet of glass

単数：a piece of ～ 複数：2 pieces of ～	抽象名詞や 固形のもの	a piece of cake, a piece of artwork, a piece of luggage, a piece of furniture, a piece of music, a piece of jewelry, a piece of advice
単数：a pair of ～ 複数：2 pairs of ～	2つの構成要素が 組み合わされて できているもの	a pair of jeans, a pair of trousers, a pair of shorts, a pair of glasses, a pair of sunglasses, a pair of scissors
単数：a bag of ～ 複数：2 bags of ～	袋に 入っているもの	a bag of rice, a bag of pasta, a bag of salt, a bag of sugar, a bag of candy, a bag of flour
単数：a box of ～ 複数：2 boxes of ～	箱に 入っているもの	a box of butter, a box of cereal, a box of laundry detergent, a box of dishwasher detergent, a box of tissue
単数：a carton of ～ 複数：2 cartons of ～	厚紙の入れ物に 入っているもの	a carton of eggs, a carton of cigarettes, a carton of milk
単数：a bar of ～ 複数：2 bars of ～	棒状のもの	a bar of chocolate, a bar of soap

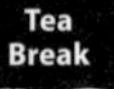

英数字を使った練習はリスニング力アップにもつながる！

ここまで紹介してきた「会話発音の法則」は、ネイティブが日常会話で話すときの発音です。これは理屈で覚えるものではなく、発音練習を繰り返すことで自然と身についていくものです。この法則は英数字だけでなく、すべての英語に当てはまります。

また、この発音の変化法則は単語に限ったことではありません。たとえば8 + 8 = 16（Eight plus eight is sixteen.）は、「エイト・プラス・エイト・イズ～」と読んでいたのが次第に「エイップラセイリズ～」に変わってくるはずです。見方を変えれば「Eightpluseightis」という１つの「単語」と捉えてもよいかもしれませんね。

練習を繰り返すことで、無意識のうちに「言いやすい」会話独特の発音ができるようになってきたら、あなたの発音が流暢になっている、発音がネイティブ発音に近づいている証拠です。

今まであなたが「ネイティブの発音が聞き取りづらい」と感じてきたのは、ネイティブの話すスピードが速いからではなく、この会話独特の発音が原因だったのです。英語のリスニング力をつけるためには自分も同じ発音ができるようになる必要があります。本書でしっかり練習すれば、必ず発音のブラッシュアップ、そしてリスニング力アップにつながります。Let’s practice!

CHAPTER 6

数の意味を含む表現

最後に、「ゼロ（無）」から「たくさん」まで、数の意味を含んだ単語やフレーズについて学びましょう。数は奥が深い！

ゼロの意味を含むボキャブラリー

Track 74

Check! ボキャブラリー

no	
no ～（money/problem/ideaなど）	～が～ない
none	（何も・誰も）～ない
nobody / no one	誰も・1人も～ない
nothing	何も～ない
non	
nonsense	ナンセンス、ばかげた考え
nonpayment	不払い、未納
non-alcohol(ic)	アルコールの入っていない
non-smoking	禁煙の
non-stop	ノンストップの・止まらない
non-profit	非営利の

Tips なるほど！　ポイント

否定のnoと対象のものや人を組み合わせることで「(い)ない」、「無」つまり「ゼロ」の意味になります。nobodyはno oneと同様、もともとno + body（体）だったものが単語化したものです。同じくno + thingの単語化によって生まれたnothingの場合、発音がノー thingからナッ thingに変わった点は面白いですね。

「～でない」を意味するnonは、厳密には「ゼロ」のニュアンスとは微妙に違いますが、この機会に覚えてしまいましょう。

☑ 英文で言ってみよう

I have **no** money.

お金を持っていません（ゼロ円です）。

I have **no** idea at all.

全く見当もつきません（アイディアがゼロです）。

None of them came to my party.

彼らのうち、誰1人として私のパーティに来なかった。

There is **nobody** in the room yet.

まだ誰も部屋の中にいませんよ。

Nothing is free, you know.

タダのものなんてないよ、言っとくけど。

Cut it out with that **nonsense**!

つまらないことを言うのはもうやめなさい！

Nonpayment of rent has become a major issue since we've been hit by this economic downturn.

この不景気の打撃を受けてから、家賃の不払いが大きな問題となっています。

Here's our list of **non-alcoholic** beverages.

こちらがノンアルコール飲料の一覧（メニュー）です。

Can I have a **non-smoking** seat, please?

禁煙席をお願いできますか？

This is a **non-stop** train to Osaka.

これは大阪までノン・ストップ（停車駅ゼロ）の列車です。

Non-profit events are often called charity events.

非営利のイベントは、よくチャリティーイベントと呼ばれています。

「少し」の意味を持つボキャブラリー

Track 75

Check! ボキャブラリー

（量）	
few/little	少ししかない、ほとんどない
a few / a little / a (little) bit	少し（ある・いる）
a small number of ～	少数の～
some/several	いくつか（ある・いる）
（時間）	
a second	すぐに（1秒）
a moment	ちょっとだけ
a minute	ちょっとだけ（1分）
soon	すぐに、まもなく
shortly	すぐに、まもなく

Tips なるほど！　ポイント

few と a few、little と a little の違いは、a がないほうは「少ないことに否定的」な気持ちがあり、a のついたほうは「少ないながらも肯定的」ということです。few / a few の後には数えられる名詞（可算名詞）が入り、little / a little の後には数えられない名詞（不可算名詞）が入ります。一方、several/some には主観（感情）は入りません。

a second や soon などは時間的に「少し」という意味です。a がついていると言っても、きっかり1秒・1分ということでなく「短時間で」というニュアンスです。

英文で言ってみよう

He has **few** friends.
彼は友達が少ししかいない（ほとんどいない）。

I have **little** money with me now.
私は今、お金を少ししか持っていない（ほとんどない）。

I only have **a few** minutes.
私にはあと少しの時間しかない。

I can drink **a little**.
私は少しだけ（お酒が）飲めます。

A small number of employees got together to buy a wedding gift for Amy.
エイミーの結婚祝い品を購入するために数人の従業員が集まりました。

I have **some** questions for you.
あなたにいくつか質問があります。

Wait **a second**.
ちょっと待って。

Let me put you on hold for **a moment**.
ちょっと（電話を）保留にさせてください。

I'll be back in **a minute**.
すぐに（1分以内に）戻ります。

The train will arrive **soon**.
電車はもう少しで到着します。

Mr. Taylor should be back **shortly**.
テイラーさんはまもなく戻るはずです。

半分($\frac{1}{2}$)の意味を含むボキャブラリー

Track 76

Check! ボキャブラリー

half	半分
half moon	半月(はんげつ)
half a month	半月(はんつき)
half an hour	30分
halfway	道半ば
two halves	二等分(halvesはhalfの複数形)
semicircle	半円
semiconductor	半導体
semifinal	準決勝
fifty-fifty	半々、五分五分
hemisphere	半球
demitasse	デミタス (通常の半分サイズのコーヒーカップ)

Tips なるほど! ポイント

(1つの)半分、2分の1を表す言葉にはいろいろあります。数を表す接頭語にはラテン語由来のものとギリシア語由来のものがあります。semiとdemiはラテン語由来、hemiはギリシア語由来です。semiの発音は「セミ」と「セマイ」の2通りあります。

漢字の部首である程度どのような意味を持つ漢字か推測できるのと同様に、英語のprefix(接頭辞)からも単語がどのような意味を持つのか推測することができます。本章で紹介しているprefixをぜひ覚えておきましょう。

英文で言ってみよう

I'll cut it in **half**.
半分に切っておきます。

I'll give you **half** of mine.
私のを半分あげますよ。

He didn't reply for **half a month**.
彼は半月返事しませんでした。

I waited for **half an hour**.
私は30分待ちました。

We are still only **halfway** to our goal.
私たちはまだゴールまで半分のところです。

The company is a **semiconductor** manufacturer.
その会社は半導体メーカーです。

Japan moved on to the **semifinal**.
日本は準決勝に進んだ。

We have a **fifty-fifty** chance of winning.
勝ち目は五分五分だ。

It's summer in the Northern **Hemisphere** now.
今、北半球は夏です。

Demitasse cups are also called espresso cups.
デミタス（カップ）はエスプレッソカップとも呼ばれています。

1の意味を含むボキャブラリー

Track 77

Check! ボキャブラリー

uni-	
unicorn	ユニコーン、一角獣
uniform	ユニフォーム、制服
unisex	ユニセックス、男女兼用の
mono-	
monorail	モノレール
monochrome	モノクローム、単色の
その他	
single	シングル
solo	ソロ
once	一度
annual/annually	1年の、年に一度の/毎年
primary	最初の、第1位の
per capita	1人当たり

Tips なるほど！　ポイント

uniはラテン語由来、monoはギリシア語由来で、「1つの、単一の」の意味を表します。perは主にビジネス英語で用い、後ろに単位の名詞（capita/day/hourなど）をつけて「1～（単位）当たり」を表します。日常会話ではperの代わりにaを使ってa day/yearなどと言います。

英文で言ってみよう

A **unicorn** is a mythological animal with a **single** horn on its forehead.

ユニコーンは額に1本の角を持つ、神話に登場する動物です。

I have to wash my **uniform**.

ユニフォームを洗濯しないといけないわ。

You can take the **monorail** from Shinbashi station to go there.

そこへは新橋駅からモノレールで行けばいいですよ。

How much is it **a night** for a **single** room?

シングルルームは1泊いくらですか。

＊ a night（一晩につき）

I met her just **once**.

私は彼女に一度しか会っていません。

Welcome to our **annual** award ceremony.

毎年恒例の表彰式へようこそ。

I'd like to use my cellphone number as the **primary** number.

私は第1連絡先として携帯電話の番号を使いたいです。

The **per capita** income hasn't changed much.

国民1人当たりの所得はあまり変わっていません。

The car rental fee is only **3,000** (three thousand) yen **per day**.

レンタカー代は1日あたりたった3,000円です。

I get about **20** (twenty) emails **a day**.

私は毎日20通くらいEメールを受け取る。

2の意味を含む ボキャブラリー

Track 78

Check! ボキャブラリー

bi-	
bicycle	二輪車（自転車）
bilingual	バイリンガル（2か国語を話せる）
bilateral	二国間の
biennial	2年に1回の、2年ごとの
biannual	年2回の、半年ごとの
その他	
double	ダブル・2倍の（になる）
duo	デュオ
dialogue	ダイアログ、対話
duplicate	複製する/二重の
twice	二度
twins	双子（双子の1人ならtwin）
secondary	2番目の
square(d)	2乗（の）
alternative	二者択一の

Tips なるほど！　ポイント

biはラテン語由来の接頭語で、「バイ」「ビ」と発音します。biennial（2年に1回の）はonce every two years、biannual（1年2回の）はtwice a yearとも言えます。twiceはtwo timesとも表現できます。

英文で言ってみよう

He is a **bilingual** speaker of English and French.
彼は英語とフランス語のバイリンガルです。

Bilateral trade grew significantly last year.
二国間の貿易は昨年大きく拡大しました。

The Tokyo Motor Show is a **biennial** event.
東京モーターショーは隔年開催です。

Land prices **have doubled** over the last few years.
ここ数年で土地価格は倍になった。

The company recorded a **double-digit** growth in sales.
会社は（昨年比で）2桁増の売上を記録した。
＊ double-digit（2桁の）→p. 190参照

The violin **duo** had an amazing performance.
バイオリンのデュオ（2名）は素晴らしい演奏をしました。

This is a **duplicate** copy of my birth certificate.
これは私の出生証明書の複製です。

I called him **twice**, but he didn't answer.
彼に2回電話したが、彼は出なかった。

They are **twins**, but have totally different characters.
彼らは双子だが、まったく違った性格だ。

I use my grandparents' address as my **secondary** mailing address.
私は第2の郵送物受け取り先として祖父母の住所を活用しています。

We need to make an **alternative** plan in case of rain.
雨天の場合に（備えて）代替案を作る必要があります。

3の意味を含むボキャブラリー

Track 79

Check! ボキャブラリー

tri-	
tricycle	三輪車
triplets	三つ子（三つ子の1人ならtriplet）
triangle	三角形
triangular pyramid	三角錐（すい）
tricolor	トリコロール・三色旗
triple	3倍の・3倍になる
triennial	3年に一度の
tripartite	3つに分かれた、三者の
trio	トリオ・3人組
trilogy	三部作
Trinity	三位一体［キリスト教］
その他	
3D (three dimensions)	三次元
cube/cubic	3乗（の）

Tips なるほど！　ポイント

triangular（三角の）はtriangleの形容詞ですが、学術用語としてtrigonalとも言います。ちなみに第三者はthird partyと序数を使います。cube/cubic（三乗の）を使った表現にはcubic centimeter（立方センチメートル）などがあり、cm^3と表記します。

英文で言ってみよう

Taking care of our **triplets** is an all-day job.

我が家の三つ子の世話は1日中休む間もない仕事です。

A love **triangle** is not easy to deal with.

三角関係はややこしいものです。

I scored a **triple** bogey on the **5th** hole.
fifth

私は5番ホールでトリプルボギーをたたいてしまった。

The **triennial** election for the House of Councillors will be held this summer.

3年に一度の参議院選挙は今夏行われる。

＊ House of Councillors（参議院）

A **tripartite** meeting was held between the economic ministers of Japan, China and South Korea.

日本・中国・韓国の経済担当大臣の間で三者会談が行われた。

The movie had a happy ending; the **trio** all got married.

映画はハッピーエンドでした。あの3人組はみんな結婚しました。

The *Divine Comedy* is Dante's famous **trilogy**.

『神曲』はダンテの有名な三部作だ。

I watched a **3D** movie wearing **3D** glasses.
three D　three D

3Dグラスをかけて3D映画を観た。

1 cubic meter equals **1,000** liters.
One　one thousand

1立方メートルは1,000リットルに相当します。

1 英語の数字の基本
2 年号・時刻・電話番号
3 序数・日付・分数
4 程度の表現
5 単位の表現
6 数の意味を含む表現
7 シーン別実践練習
8 強化トレーニング

4–12の意味を含むボキャブラリー

Track 80

Check! ボキャブラリー

4	
square	四角形
quarter	4分の1・四半期
5	
quintet	五重奏・五人組
pentagon	五角形（Pentagonだとアメリカ国防総省）
6	
hexagon	六角形
8	
octopus	たこ（足が8本）
octagon	八角形
10	
decade	10年
12	
dozen	ダース（12個）

Tips なるほど！　ポイント

たこは足は8本だからoctopus、と聞くと、October（10月）が頭に浮かぶでしょう。これは古代ローマ暦では3月が最初の月だったことに由来しています。12月に当たるDecemberがdecade（10年）と同じ接頭語であることから、Octoberにoctoとつく理由もわかるでしょう。

decade（10年）という単位があるように、score（20年）という表現もありますが、現代英語ではめったに使いません。

英文で言ってみよう

Our sales dropped sharply from the previous **quarter**.

うちの売上は前(四半)期に比べて大幅に落ちた。

A friend of my friend's husband works at the **Pentagon**.

私の友達のだんなさんの友達はアメリカ国防総省で働いている。

My friend taught me how to fold origami into a **hexagon**.

友達が折り紙を六角形に折る方法を教えてくれました。

A shape with **8** sides is called an **octagon**.
eight

8辺ある形は八角形と呼ばれています。

Did you know "pus" in "**octopus**" means foot? An octopus has **8** feet, so it makes sense!
eight

octopusのpusは「足」という意味だと知っていましたか？　たこは足が8本あるので、理にかなっていますね！

Japan's economy entered into the so-called Lost **Decade** after the collapse of the bubble economy.

日本経済はバブル経済崩壊の後、いわゆる「失われた10年」に入った。

We've known each other for **decades**.

私たちは何十年来の旧知の仲だ。

We bought **a dozen** fresh mangoes at the market in Miyazaki.

私たちは宮崎の市場で新鮮なマンゴーを1ダース買いました。

I went there **dozens of** times.

私はそこへ何十回も行きました。

100以上の意味を含むボキャブラリー

Track
81

Check! ボキャブラリー

100	
century	100年
hectare	ヘクタール（1アールの100倍）
centimeter	センチメートル（1メートルの100分の1）
percent(age)	パーセント、百分率
1,000	
millennium	ミレニアム、千年紀（西暦を1,000年で区切ったもの）
kilogram/kilometer	キログラム/キロメートル（各単位の1,000倍）
milligram/millimeter	ミリグラム/ミリメートル（各単位の1,000分の1）
1,000,000	
millionaire	お金持ち（百万長者）
megawatt	メガワット（1ワットの100万倍）
micron	ミクロン（1メートルの100分の1）
1,000,000,000	
billionaire	大金持ち（いわゆる億万長者）
gigabyte	ギガバイト（1バイトの10億倍）
nanometer	ナノメートル（1メートルの10億分の1）

Tips なるほど！　ポイント

大きな数を表す接頭語には、centi（100分の1）、kilo（1,000倍）、milli（1,000分の1）、mega（100万倍）、micro（100分の1）、giga（10億倍）、nano（10億分の1）などがあります。

英文で言ってみよう

Science has made remarkable progress during the past **century**.

科学はこの1世紀の間で目を見張る発展を遂げた。

We have a **50** (fifty) **percent** share of the global market.

私たちは世界市場の50パーセントのシェアを持っています。

Billions of people around the world celebrated the **3rd** (third) **millennium** in **2000** (two thousand).

世界中の何十億もの人々が2000年に3千年紀（第三ミレニアム）を祝った。

Nowadays, the term **millionaire** has been replaced with **billionaire**.

ミリオネアという言葉は現在ではビリオネアという言葉に置き換えられている。

The power plant has an output capacity of about **750** (seven hundred (and) fifty) **megawatts**.

その発電所は750メガワットの出力容量を持っている。

Bacteria and viruses are measured in **microns** or **nanometers**.

バクテリアやウイルスはミクロンまたはナノメートル（の単位）で測られます。

My monthly average smartphone data usage is about **3** (three) **gigabytes**.

私のスマートフォンの月間データ通信量の平均は3ギガバイトです。

「たくさんの・複数の」の意味を持つボキャブラリー①

Track 82

Check! ボキャブラリー

plural ～	複数の～
many ～	たくさんの～（数えられる名詞がつく）
much ～	多くの～（数えられない名詞がつく）
a lot (of) / lots of ～	たくさんの、多くの～
plenty of ～	たくさんの、多くの～
a number of ～	たくさんの～（数えられる名詞がつく）
enough ～	十分な～
more than enough ～	十二分の～
numerous ～	たくさんの～（数えられる名詞がつく）
quite a few ～	かなり多くの～（数えられる名詞がつく）
a large amount of ～	大きな額の～（数えられない名詞がつく）
hundreds of ～	数百もの～、たくさんの～
thousands of ～	数千もの～、すごくたくさんの～
millions of ～	数百万もの～、ものすごくたくさんの～
billions of ～	数十億もの～、信じられないくらいたくさんの～

Tips なるほど！　ポイント

「たくさん、多くの」にはmany / a lot of以外にも、様々な表現があります。thousands/millions/billions ＋ of ～もその1つです。応用表現として、tens of thousands of（何万もの）、hundreds of millions of（何億もの）など、さらに強調して表現することができます。

英文で言ってみよう

She has **many** friends.
彼女には友達がたくさんいます。

I don't have **much** money today.
今日はあまりたくさんお金を持っていません。

I have **a lot of** homework to do.
私はやるべき宿題がたくさんあります。

Don't worry. We have **plenty of** time.
心配しないで。時間はたっぷりあるよ。

A number of employees volunteered to help clean the neighborhood.
たくさんの従業員が、近所を掃除するためにボランティア活動に参加しました。

I don't have **enough** money.
十分なお金を持っていません（必要金額に足りません）。

Numerous historical treasures have been found at *kofun* sites, old Japanese tombs.
たくさんの歴史的価値あるものが日本の古い墓である古墳の敷地から見つかっています。

I've visited there **quite a few** times.
そこへはずいぶん行ったよ。

There were **hundreds of** fans waiting at the airport.
空港には何百人ものファンが待っていました。

He spent **thousands of** dollars at the casino.
彼はカジノで何千ドルも使いました。

Millions of ants must be living under this field.
このフィールドの下に何百万匹もの蟻が住んでいることでしょう。

「たくさんの・複数の」の意味を持つボキャブラリー②

Track 83

Check! ボキャブラリー

multi-	
multiple	たくさんの
multiplication	掛け算
multinational	多国籍の
multilingual	多言語の、多言語を話せる
multilateral	多国間の
multifunction	多機能の
multipurpose	多目的の
poly-	
polygon	多角形
polymer	重合体・ポリマー
polyester	ポリエステル
polyethylene	ポリエチレン
polypropylene	ポリプロピレン

Tips なるほど！　ポイント

multiはラテン語由来、polyはギリシア語由来で「1つ以上、複数の」を表す接頭語です。multiについてはハイフン（-）なしのものとハイフンのついたもの、また明確に区別ができないものもあります。新語の多くはハイフンがつき、英語として市民権を得た頃にハイフンが取れることが多いようです。polyについては化学品につけられた名前が多く、他にもpolystyrene（ポリスチレン）、polycrystalline（多結晶の）、polyolefin（ポリオレフィン）などたくさんあります！

英文で言ってみよう

There are **multiple** factors behind it.
背後にはたくさんの要素があります。

He works for a **multinational** company.
彼は多国籍企業に勤めています。

She is **multilingual**.
彼女はマルチリンガルです。

The TPP is a **multilateral** free trade agreement.
TPPは多国家間の自由貿易協定です。

They produce **multifunction** printers.
あの会社は多機能プリンターを製造しています。

This is a **multipurpose** room available for various activities.
こちらは様々な活動に使える多目的ルームです。

I like our company's new **polygon**-design logo.
うちの会社の、新しい多角形のデザインのロゴを気に入っています。

The thread is made of **polyester** fiber.
この糸はポリエステル繊維でできています。

Polyethylene is abbreviated as PE.
ポリエチレンはPEと略されます。
＊ abbreviate（短縮する）

数をハイフンでつなぐボキャブラリー

Track 84

Check! ボキャブラリー

one-stop center	1か所で複数のサービスが受けられる施設
two-ply veneer	二層ベニヤ（合板）
three-legged race	二人三脚
four-letter word	四文字語 （四文字のものが多い卑猥な語・罵倒語の呼称）
five-star hotel	五つ星ホテル
six-month-old baby	6か月の赤ちゃん
10-minute break	10分休憩
20-dollar bill	20ドル紙幣
double-sided tape	両面（二面）テープ

Tips なるほど！　ポイント

数字にハイフンをつけ、その後ろに名詞や形容詞をつけて1語にすると、形容詞的な表現になります（ハイフンの後ろの名詞は単数にします）。「6か月の赤ちゃんがいます」と言う場合、ハイフンを使わずにMy baby is six months old. と言うこともできます（2か月以上ならmonthsは複数形）。

six-month-old babyのときには複数形のmonthsではなく単数形のmonth、six months oldのときには複数形のmonthsです（→ p. 27）。間違いやすいので、ここでしっかりと練習しておきましょう。

英文で言ってみよう

＊p. 190では、9以下は文字で書く（スペルアウト）ルールに従って表記していますが、このページではあえて数字で表記しています。

I had a **one-on-one** meeting with my boss yesterday.

私は昨日上司と個別面談をしました。

We stayed at a **5-star** hotel in Singapore.
five

私たちはシンガポールの五つ星ホテルに泊りました。

I have a **6-year-old** daughter.
six

私には6歳の娘がいます。

It's only a **10-minute** ride by train.
ten

電車でたった10分程度ですよ。

It's only a **15-minute** walk to the place.
fifteen

その場所までは歩いてたった15分ですよ。

A **7-hour** flight is not that bad.
seven

7時間フライトならそんなに悪く（つらく）ないですね。

The **1st-prize** winner got a pair of free round-trip air tickets to Hawaii.
first

優勝者（1等賞の人）はハワイへの往復ペア航空券を手にした。

Wow, I found a **4-leaf** clover!
four

わあ、4つ葉のクローバーを見つけました！

CHAPTER 7

シーン別実践練習

日常生活やビジネスの場面別に、数字が使われる状況を想定して練習しましょう。お手本の音声を聴き、リズムとイントネーションを真似してみましょう。

デパートでの会話

Track 85

状況設定

Floor Guide

1F first floor	Cosmetics & Fragrances, Shoes, Handbags, Accessories
2F second floor	Women's Apparel
3F third floor	Men's Apparel
4F fourth floor	Children, Juniors, Sportswear, Outdoor Gear
5F fifth floor	Furniture, Linen, Tableware, Luggage, Rug & Carpet

*Free shuttle bus to Central Station available every 15 (fifteen) minutes
Bus stop by the West Exit on 1F

Semi-Annual Sale!
July 1–15
July first to fifteenth
All items 30% off
thirty percent

original price
$40
forty dollars

Local tax rate: 10% ten percent

和訳

フロアガイド

1階	化粧品・香水、靴、ハンドバッグ、アクセサリー
2階	婦人服
3階	紳士服
4階	子ども服、ティーンズファッション、スポーツウェア、アウトドア用品
5階	家具、ベッド用品、食器、スーツケース、ラグ・カーペット

＊15分おきにセントラル駅行きの無料シャトルバスあり。1階西口横にバス停

半期に一度のセール
7月1日から15日まで
全商品30%オフ

定価
40ドル

この地域での税率: 10%

会話してみよう！

あなた：（デパートの入り口付近にて）Excuse me. Where can I find clothing for **teen**agers?

すみません、ティーンネージャー向けの洋服はどこで探せますか。

店員A：Go up to the **4th** (fourth) floor.

4階にございます。

あなた：Thank you.

ありがとうございます。

あなた：（4階にて）Excuse me. I don't see a price tag on this shirt. How much is it?

すみません。このシャツに値札がないようです。おいくらですか。

店員B：Let me look it up. It's originally **$40** (forty dollars). We have a **semi-annual** sale going on until **July 15** (fifteenth), so it would be **30%** (thirty percent) off. By the way, those shirts over there are **buy 2** (two) **get 1** (one) **free**.

お調べしましょう。定価は40ドルです。7月15日まで半期に一度のセールをしていますので、30%オフになります。ちなみに、あちらにあるシャツは2枚買うと1枚無料でもらえます。

あなた：So that means this shirt would be **$28** (twenty-eight dollars)?

ということは、このシャツは28ドルになるということですか。

店員B：Yes, and the tax rate is **10%** (ten percent). Your total would be **$30.80** (thirty (dollars and) eighty (cents)).

はい、そして消費税が10%です。合計金額は30ドル80セントになります。

あなた：I see. Thank you! Also, I heard there's a free shuttle bus service to Central Station. Where is the bus stop?

わかりました。ありがとうございます。あと、セントラル駅までの無料シャトルバスがあると聞きました。バス停はどこですか。

店員B：Take the elevator to the **1st** (first) floor and walk to your right. You'll see the West Exit. The bus leaves outside the door every **15** (fifteen) minutes.

エレベーターで1階に行って、右へ歩いてください。西口が見えます。バスは出口横から15分おきに出発します。

駅で困っている外国人との会話

Track 86

状況設定

☐ Bullet train platform to Karuizawa: 20–23
☐ Locker price: 500 yen/day
☐ Ticket to Karuizawa: reserved seat 6,220 yen, non-reserved seat 5,490 yen
Seat: Car 8, Seat 20D

和訳

☐軽井沢行き新幹線ホーム：20–23番線
☐ロッカー使用料：1日500円
☐軽井沢までの乗車券：指定席6,220円、自由席5,490円
座席：8号車20D

会話してみよう！

あなた：Do you need help?
お手伝いしましょうか。

外国人：Oh, thank you! I'm looking for the bullet train platform to get to Karuizawa.
ありがとうございます。軽井沢に行くための新幹線ホームを探しているんですが。

あなた：It's that way towards platform 20 (twenty). You'll see an entrance to the bullet train platform. Do you have a ticket?
20番線のほうで、あちらです。新幹線ホームへの改札が見えます。乗車券は持っていますか。

外国人：Not yet. Do you know how much it'll cost?

まだです。いくらかかるかわかりますか。

あなた： I think it's **about ¥6,000 one-way**. I can help you buy the ticket at a ticket machine.
six thousand yen

片道6,000円くらいだと思います。自動券売機で乗車券を購入するのをお手伝いしますよ。

あなた： (自動券売機前で)If you want to reserve a seat, it's **¥6,220**.
six thousand two hundred (and) twenty yen

If you want a non-reserved seat, it's **¥5,490**.
five thousand four hundred (and) ninety yen

指定席が良ければ6,220円、自由席が良ければ5,490円です。

外国人： I don't want to risk not finding a seat with open seating, so can you help me book a reserved seat?

自由席だと席が見つからないリスクがあるから、指定席の予約を手伝ってもらえますか。

あなた： Of course. How about **Car 8, Seat 20D**?
eight twenty

もちろん。8号車20Dの席でどうですか。

外国人： Sounds good. Here's **¥10,000**.
ten thousand yen

良さそうですね。はい、10,000円です。

あなた： Here's your ticket and your change is **¥3,780**.
three thousand seven hundred (and) eighty yen

これが乗車券で、おつりは3,780円です。

外国人： You were so helpful. Thank you. I have one more question. I want to leave this bag in a locker. Where should I go?

とても助かりました。ありがとうございます。もう1つ質問があります。このバッグはロッカーに入れていきたいんです。どこに行けばいいですか。

あなた： The lockers are over there. For that size, it'll probably be **¥500 per day**.
five hundred yen

ロッカーはあっちです。その大きさだと1日500円だと思います。

外国人： OK. Thank you!

わかりました。ありがとうございました!

あなた： Have a good day!

良い1日を!

＊ open seating (自由席)

レシピ（肉じゃがの作り方）

Track
87

状況設定

How to Make *Nikujaga* (Servings: 6)
Preparation time: 10 minutes / Cook time: 20 minutes
Ingredients

1 onion　$\frac{1}{2}$ carrot　4 potatoes
200 grams of thinly-sliced beef　1 package of *shirataki* noodles
6 pieces of snow peas for decoration　1 tablespoon of vegetable oil
2 cups (500 mL) of *dashi*, Japanese soup broth
4 tablespoons of *mirin*　5 tablespoons of soy sauce
2 tablespoons of Japanese sake　2 tablespoons of sugar

和訳

肉じゃがの作り方（6人分）
準備時間：10分 / 調理時間：20分
材料

玉ねぎ1個　人参2分の1本　じゃがいも4個
牛肉薄切り200グラム　しらたき1パック
飾り用の絹さや6つ　サラダ油大さじ1杯
だし2カップ(500 mL)
みりん大さじ4杯　醤油大さじ5杯
日本酒大さじ2杯　砂糖大さじ2杯

説明してみよう！

Today, I'll teach you how to make a Japanese dish called *nikujaga.* It's a popular home-made dish with thinly-sliced meat and potato cooked in a slightly sweet soy-based sauce. I'll explain how to make 6 (six) servings.

本日は、肉じゃがという和食の料理を作ります。薄切りの肉とじゃがいもを少し甘い醤油味の煮汁で作る、人気の家庭料理です。6人分の作り方をご説明します。

First, chop the onion, potatoes, and carrot into bite-sized pieces. I recommend you use 1 (one) onion, $\frac{1}{2}$ (one-half) of a carrot, and 4 (four) potatoes, but you don't have to be precise. After you cut the vegetables, take out the *shirataki* noodles from the package and cut them into about 8 (eight) centimeters so it's easy to eat.

まずは玉ねぎ、じゃがいも、にんじんを一口大に切ってください。玉ねぎを1個、にんじんを2分の1本、じゃがいもを4個使うことをお勧めしますが、厳密である必要はありません。野菜を切ったら、しらたきを袋から出して、食べやすいように8センチくらいに切ってください。

Warm up 1 (one) tablespoon of vegetable oil in a pan. Cook the meat and onions over medium heat for 3 (three) minutes. Then add in the potatoes and carrots and cook for 2 (two) minutes.

鍋にサラダ油を大さじ1杯入れて温めます。肉と玉ねぎを3分間中火で炒めてください。じゃがいもとにんじんを加えて2分炒めます。

Next, add the *shirataki* noodles, **500 milliliters** (five hundred) of *dashi*, 4 (four) tablespoons of *mirin*, 5 (five) tablespoons of soy sauce, 2 (two) tablespoons of Japanese sake, and 2 (two) tablespoons of sugar. Bring to a boil and skim off any scum that forms. Cook over low heat, simmering, for 10 (ten) minutes.

次に、しらたきとだし500mL、みりん大さじ4杯、醤油大さじ5杯、日本酒大さじ2杯、砂糖大さじ2杯を加えてください。沸騰させて、出てくるあくを取ってください。弱火で10分間煮込んでください。

While you're waiting, take the 6 (six) pieces of snow peas and remove the strings. Then cook them in boiling water for 30 (thirty) seconds. When the *nikujaga* is cooked, serve with the snow peas as decoration. Enjoy!

待っている間に6つの絹さやの筋取りをしてください。30秒茹でてください。肉じゃががてきあがったら、飾りに絹さやを乗せます。どうぞ召し上がれ!

＊ skim off ～（～をすくい取る）、scum（あく）、simmer（とろ火で煮る）

確率（2つのサイコロを投げた合計値）

状況設定

The table shows the probability of getting a specific sum when you roll 2 dice.
表は2つのサイコロを転がしたときに特定の和になる確率を示しています。

Sum of 2 dice	Probability in fraction	Probability in percentage
2つのサイコロの和	確率（分数表記）	確率（パーセント表記）
2 two	$\frac{1}{36}$ one thirty-sixth	2.78% two point seven eight percent
3 three	$\frac{2}{36}$ two thirty-sixth	5.56% five point five six percent
4 four	$\frac{3}{36}$ three thirty-sixth	8.33% eight point three three percent
5 five	$\frac{4}{36}$ four thirty-sixth	11.11% eleven point one one percent
6 six	$\frac{5}{36}$ five thirty-sixth	13.89% thirteen point eight nine percent
7 seven	$\frac{6}{36}$ six thirty-sixth	16.67% sixteen point six seven percent
8 eight	$\frac{5}{36}$ five thirty-sixth	13.89% thirteen point eight nine percent
9 nine	$\frac{4}{36}$ four thirty-sixth	11.11% eleven point one one percent
10 ten	$\frac{3}{36}$ three thirty-sixth	8.33% eight point three three percent
11 eleven	$\frac{2}{36}$ two thirty-sixth	5.56% five point five six percent
12 twelve	$\frac{1}{36}$ one thirty-sixth	2.78% two point seven eight percent

会話してみよう！

あなた： If we roll 2 (two) dice, what are the chances of getting 2 (two) or 12 (twelve)?

2つのサイコロを転がしたら、合計が2か12になる確率は？

友人： First of all, there are 36 (thirty-six) ways in which the 2 (two) dice could land. In order to get 2 (two), the 2 (two) dice both have to be 1 (one). That's the only way we could get a sum of 2 (two), so the probability is $\frac{1}{36}$ (one thirty-sixth) or 2.78% (two point seven eight percent).

まず、2つのサイコロの目が出る方法は36通りあるんだ。2を出すためには2つのサイコロが両方とも1である必要がある。それが合計2になる唯一の方法だから、確率は36分の1、または2.78%。

あなた： Right. So, in order to get 12 (twelve), the 2 (two) dice both have to be 6 (six). That's the only way we could get a sum of 12 (twelve), so the probability is $\frac{1}{36}$ (one thirty-sixth) or 2.78% (two point seven eight percent) as well.

そうだね。で、12が出るには2つのサイコロが両方とも6である必要がある。それが合計12になる唯一の方法だから、これも確率は36分の1、または2.78%だね。

友人： Yes. Then how about the probability of getting a sum of 4 (four)?

そう。じゃあ合計が4になる確率は？

あなた： There are 3 (three) ways to get a sum of 4 (four): when dice A is 1 (one) and dice B is 3 (three), when dice A is 2 (two) and dice B is 2 (two), and when dice A is 3 (three) and dice B is 1 (one). Therefore, the probability is $\frac{3}{36}$ (three thirty-sixth), which is also $\frac{1}{12}$ (one-twelfth) and 8.33% (eight point three three percent).

合計4になるためには3通りの方法がある。サイコロAが1でサイコロBが3のときと、サイコロAが2でサイコロBが2のときと、そしてサイコロAが3でサイコロBが1のとき。したがって確率は36分の3、つまり12分の1であり8.33%。

友人： Right. The chance of getting a 7 (seven) is the highest at 16.67% (sixteen point six seven percent).

そう。一番確率が高いのは7になる場合で、16.67%だよ。

あなた： Let's see... there are 6 (six) ways to get a sum of 7 (seven): when dice A is 1 (one) and dice B is 6 (six), when dice A is 2 (two) and dice B is 5 (five), when dice A is 3 (three) and dice B is 4 (four), when dice A is 4 (four) and dice B is 3 (three), when dice A is 5 (five) and dice B is 2 (two), and when dice A is 6 (six) and dice B is 1 (one). Therefore, the probability is $\frac{6}{36}$ (six thirty-sixth), which is also $\frac{1}{6}$ (one-sixth) and 16.67% (sixteen point six seven percent).

ええと…合計7になるためには6通りの方法があるよね。サイコロAが1でサイコロBが6のとき、サイコロAが2でサイコロBが5のとき、サイコロAが3でサイコロBが4のとき、サイコロAが4でサイコロBが3のとき、サイコロAが5でサイコロBが2のとき、そしてサイコロAが6でサイコロBが1のとき。したがって確率は36分の6、つまり6分の1であり16.67%だね。

友人： When you plot the probability on a graph, you get a bell curve with the highest probability at 7 (seven).

確率をグラフにすると、7の確率が一番高い正規分布曲線ができるんだよ。

* plot（グラフなどに描く）、bell curve（正式分布曲線）

* diceの単数形は本来dieでしたが、Oxford Dictionaryなどでも近年、diceを単数形として使えることが記載されているため、ここではdiceを使っています。

Column **尺貫法**

古くからアジアで使われてきた尺貫法は今でも日本の文化の一部で使われています。日本酒を表す単位として升や合を耳にすることは多いですよね。尺には大工が使う曲尺（約30cm）と和裁士が使う鯨尺（約38cm）があり、その10分の1が寸、100分の1が分です。日本の文化について説明するときに、尺貫法を数字で説明できるように練習しておきましょう。

$\frac{1}{10}$ of ***1 sun*** is ***1 bu***; therefore, ***30 bu*** is ***3 sun***.
1寸の10分の1が1分です。したがって、30分は3寸です。

The main character of the Japanese folktale ***Issunboshi*** was probably around **3 centimeters** tall.
日本の昔話の一寸法師の主役はおそらく3センチメートルくらいの背丈でした。

The sleeves of a kimono are usually ***1 shaku 3 sun*** long, which is around **49 centimeters**.
着物の袖丈は一般的に1尺3寸、約49センチメートルです。

A medium-sized pre-sewn kimono is usually ***4 shaku 3 sun***, which is about **163 centimeters**.
Mサイズの仕立て上がり着物は多くの場合4尺3寸、約163センチメートルです。

Some Japanese fish over ***1 shaku*** (**30.3 centimeters**) are called *shakumono*.
1尺（30.3センチメートル）以上の日本の魚を尺物と呼びます。

Japanese people use a special cup to measure the amount of rice; it measures ***1 go***, which is **180mL** of rice.
日本人は米を測るために特別なカップを使います。それで180mLの米の量である1合を測ります。

＊ measure（計器が～を測定する）

旅行代理店への電話

Track
89

状況設定

5:23

XYZ Travel Agency
Phone 909-012-9876
Business hours 9:30–5:30

Reservation #: 1506-1843-6927

LA & NY Trip Itinerary
For Ms. Karen Okada

March 15, 2021
UP5616 LAX 1:00 P.M. → JFK 5:55 P.M.
Seat number 15A, 15B

Hotel: Greenfield International Hotel
1801 Forest Street, Astoria
917-111-2255

Check-in: 6:00 P.M.

Dinner: 7:30 P.M.
For party of 2
John's Seafood and Grill

Sparkle!
The Katie Lin Musical
Performing every night
at 7:00 P.M.

Buy tickets NOW
March 15 Few seats left!
March 16 Sold out
March 17 Sold out

Message from a friend in New York

Hi, Karen! Thanks for letting me know you're coming! Let's have dinner together! I'm free on March 16.
—Jamie

和訳

5:23

XYZ旅行代理店
電話 909-012-9876
営業時間 9:30–5:30

予約番号：1506-1843-6927

ロサンゼルス・ニューヨーク旅行日程
オカダ・カレン様

2021年3月15日
UP5616 ロサンゼルス国際空港午後1時 → ジョン・F・ケネディー国際空港午後5時55分
座席番号15A, 15B

ホテル：グリーンフィールド国際ホテル
アストリア市フォレスト通り1801番
917-111-2255

チェックイン：午後6時

夕食： 午後7:30
2名様
ジョンズシーフードアンドグリル

スパークル！
ケイトリンのミュージカル
毎晩午後7時から公演中

予約は今すぐ
3月15日 残りわずか
3月16日 売り切れ
3月17日 売り切れ

ニューヨークの友人からのメッセージ

やあカレン！ こっちに来るのを教えてくれてありがとう！ 一緒に夕食を食べようよ！
3月16日は空いてるよ。
—ジェイミー

会話してみよう！

（一緒に旅行に行く友達との会話）

あなた： I really want to see *Sparkle*, but the only tickets left are for the **March 15** show.
fifteenth

『スパークル』をすごく観たいんだけど、唯一残っている席は3月15日の公演なんだよね。

友人： Let's see if we can take an earlier flight.

もっと早いフライトに乗れるか確認してみようよ。

あなた： Good idea. Do you have the travel agency's phone number? I'll make a call.

いい案だね。旅行会社の電話番号わかる？　電話するよ。

友人： Yes, it's **909-012-9876** , but they close at **5:30**.
nine zero nine zero one two nine eight seven six　five thirty / half past five

うん、909-012-9876だけれど、5時半には閉まるよ。

あなた： We still have **7** minutes left.
seven

まだ7分あるよ。

（旅行代理店との会話）

店員： XYZ Travel Agency. How may I help you?

XYZ旅行代理店です。ご用件をお伺いします。

あなた： Hi, I'm calling to see if I can change my flight scheduled for **March 15** .
fifteenth

3月15日の飛行機の予約を変更できないかと思ってお電話しています。

店員： Sure. Let me look up your booking. May I have your reservation number and name, please?

わかりました。ご予約を確認させてください。予約番号とお名前をお伺いできますでしょうか。

あなた： The reservation number is **1506-1843-6927** and my name is Karen Okada.
one five zero six dash one eight four three dash six nine two seven

予約番号は1506-1843-6927で、名前はオカダ・カレンです。

店員： Thank you, Ms. Okada. I see you have a booking for flight **UP5616** from Los Angeles International Airport to John F. Kennedy International Airport.
five six one six

オカダ様、ありがとうございます。ロサンゼルス国際空港発ジョン・F・ケネディー国際空港着、UP5616便の予約が確認できました。

あなた： We would like to get to New York earlier if possible. We want to see a **7:00** show that evening.
seven o'clock

可能であればもっと早くニューヨークに着けるといいのですが。その日の晩に7時の公演を観たいんです。

店員： Let me see... there's a red-eye flight you could take. You'll leave at **1:30 A.M.** and arrive at **6:20 A.M.** We have to charge you a ticket reissue charge and it'll be **$220.80** for the two of you.
one thirty / six twenty / two hundred twenty (dollars and) eighty (cents)

そうですね…夜行便であれば、午前1時半に出発して午前6時20分に到着します。チケットの再発行手数料はかかりますが、2人分で220ドル80セントです。

あなた： That's OK. Do you think we could check in early to the hotel?

それで大丈夫です。ホテルに早くチェックインできそうでしょうか。

店員： I can request an early check-in but it'll cost you an extra **$20**. You'll be able to check in at **9:00**.
twenty dollars / nine o'clock

早めのチェックインを依頼できますが、追加で20ドルかかります。9時にチェックインできるようになります。

あなた： Thank you. I'd like to do that. Also, can I get a window seat for the flight?

ありがとうございます。そうしたいです。それと、フライトは窓際の席にしていただけますか。

店員： Sure. Your new flight will be **UP163** on **March 15**, leaving LAX at **1:30** and arriving at JFK at **6:20** . Your seats will be **11A** and **11B**. Is there anything else I can help with?
one six three / fifteenth / one thirty / half past one / six twenty / eleven / eleven

かしこまりました。新しいフライトは3月15日のUP163便、ロサンゼルス国際空港を1時半に出発し、ジョン・F・ケネディー国際空港に6時20分に到着します。お座席は11Aと11Bです。他に何かお手伝いできることはありますか。

あなた： Yes, we won't be able to make it to dinner. Could you change our reservation at John's Seafood and Grill to the next day at **6:00** ? Right now, I have a reservation for **2**, but another
six o'clock / two

friend will join us, so we'd like a table for **3** (three).

夕食に行けなくなると思うので、ジョンズシーフードアンドグリルの予約を翌日の6時に変更していただけますでしょうか。今は、予約は2名なのですが、別の友人も来ますので、3人用の席をお願いします。

店員： OK, so that'll be a reservation for **3** (three) on **March 16** (sixteenth) at John's Seafood and Grill at **6:00** (six o'clock). I'll cancel your reservation for the **15th** (fifteenth). I'll make these changes and email you your updated itinerary.

では、3月16日の6時に3名様でジョンズシーフードアンドグリルのご予約ですね。15日の予約はキャンセルします。これらの変更を行い、更新された旅行日程表をEメールでお送りします。

あなた： Thank you so much.

ありがとうございます。

＊ LAX（Los Angeles International Airportの空港コード）、red-eye flight（夜行便）

天気予報についての会話

状況設定

和訳

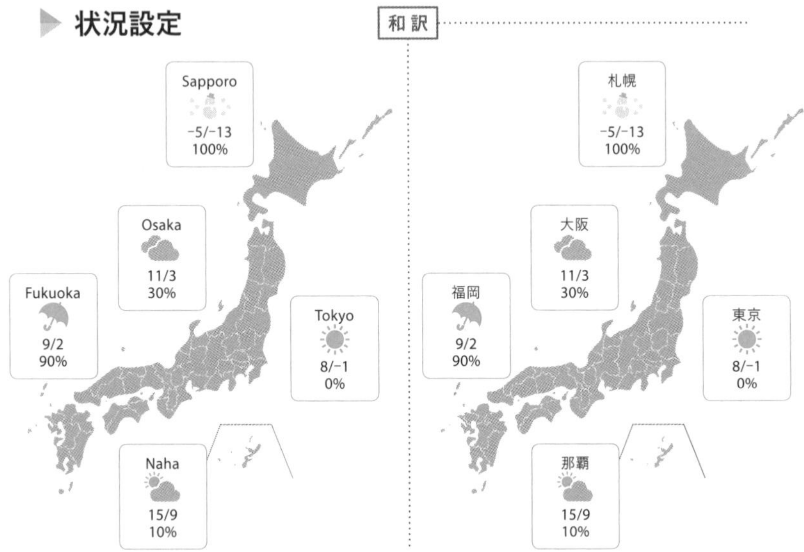

会話してみよう！

あなた： It's so cold today.

今日は寒すぎるよね。

同僚： Yeah, it was −1°C (minus one degree (Celsius)) here in Tokyo earlier this morning.

うん、ここ東京は今朝マイナス1度だったんだよ。

あなた： I watched the weather forecast and saw that the high in Sapporo today is −5°C (five (degrees) below zero).

今日の札幌の最高気温はマイナス5度だって天気予報で見たよ。

同僚： I don't like this cold weather. Mark is in Fukuoka for a conference. I wanted to go with him, but I need to go on a business trip to Osaka tomorrow so I couldn't go.

この寒い天気、好きじゃないんだ。マークは今カンファレンスで福岡にいるんだよね。一緒に行きたかったんだけれど、明日大阪に出張だから、行けなかったんだ。

あなた： You know, it's not that warm in Fukuoka. The low is 2°C (two degrees (Celsius)) today and the high is only 9°C (nine degrees (Celsius)). It's raining on top of that. There's a 90% (ninety percent) chance of rain today.

ねえ、福岡はそんなに暖かくないよ。今日の最低気温は2度だし、最高気温は9度。それに、雨も降ってるよ。降水確率は90%。

同僚： Oh, I thought Fukuoka is warmer because it's in the southern part of Japan. What's the weather like in Osaka today? I need to pack for my business trip.

え、福岡は日本の南部だからもっと暖かいと思っていたよ。今日の大阪の天気はどんな感じ？ 出張の荷造りをしなきゃ。

あなた： It's cloudy and there's a 30% (thirty percent) chance of rain today. The high is 11°C (eleven degrees (Celsius)) and the low is 3°C (three degrees (Celsius)).

今日は曇りで、降水確率は30%。最高気温は11度で最低気温は3度だよ。

Track 91

Sapporo 札幌	It's snowy and there's a 100% (one hundred percent) chance of snow today. The high is −5°C (five (degrees) below zero) and the low is −13°C (thirteen (degrees) below zero). 現在の天気は雪、降雪確率は100%です。最高気温はマイナス5度、最低気温はマイナス13度です。
Tokyo 東京	It's sunny and there's 0% (zero percent) chance of rain today. The high is 8°C (eight degrees (Celsius)) and the low is −1°C (minus one degree (Celsius)). 現在の天気は晴れ、降水確率は0%です。最高気温は8度で最低気温はマイナス1度です。 ＊確率がゼロのときだけ、0% chanceのようにaをつけずに言います。
Osaka 大阪	It's cloudy and there's a 30% (thirty percent) chance of rain today. The high is 11°C (eleven degrees (Celsius)) and the low is 3°C (three degrees (Celsius)). 現在の天気は曇り、降水確率は30%です。最高気温は11度で最低気温は3度です。
Fukuoka 福岡	It's rainy and there's a 90% (ninety percent) chance of rain today. The high is 9°C (nine degrees (Celsius)) and the low is 2°C (two degrees (Celsius)). 現在の天気は雨、降水確率は90%です。最高気温は9度で最低気温は2度です。
Naha 那覇	It's partly cloudy and there's a 10% (ten percent) chance of rain today. The high is 15°C (fifteen degrees (Celsius)) and the low is 9°C (nine degrees (Celsius)). 現在の天気はところにより曇り、今日の降水確率は10%です。最高気温は15度で最低気温は9度です。

＊ the high（最高気温）、the low（最低気温）、on top of that（それに［加えて］）

＊ 降水確率はprecipitation rateと言いますが、天気予報では上記の例文のように～% chance of rainと言うのが一般的です。

Column 「前期比」関連の表現

ビジネスで数字を比較するとき、以下の表現がよく出てきます。oはoverのことで、分数にしたときに数字が上下になることからoverと言います。

●YoY　読み方：ワイオーワイ
意味：year over year　前年比・前年度比・前年同期比・前年同月比（計算方法：今年度/前年度）

●QoQ　読み方：キューオーキュー
意味：quarter over quarter　前四半期比（計算方法：今期/前期）

●MoM　読み方：エムオーエム
意味：month over month　前月比（計算方法：今月/前月）

データについて述べる（雇用に関するデータ）

Track 92

状況設定

＊以下は特定の国や地域の実際のデータではなく、練習用に作られたものです。
＊大きな数のデータは端数を切り捨てて thousand や million の単位で記載するのが一般的ですが、ここでは練習のため、1 の位まで記載しています。

Employment Situation Summary
March 2021

Published on April 21

Number of unemployed individuals: 8,528,282

	January	February	March
unemployment rate	4.1%	6.7%	5.3%

Duration of Unemployment			MoM
less than 5 weeks	2,026,959	23.8%	−3.1%
5 to 14 weeks	1,753,130	20.6%	−1.5%
15 to 26 weeks	1,529,181	17.9%	+0.2%
27 weeks and over	3,219,012	37.7%	+3.9%

Information About Job Holders		MoM
full-time workers	2,127,301,363	+2.7%
part-time workers	957,935,678	+9.6%
multiple jobholders	10,233,938	+13.2%
self-employed workers, incorporated	126,578	−2.8%
self-employed workers, unincorporated	1,719,342	+3.1%

＊ MoM= month-over-month（前月比）
＊ self-employed workers, incorporated = 法人の個人経営者
＊ self-employed workers, unincorporated = 個人事業主

和訳

雇用状況のまとめ
2021年3月

4月21日発表

失業者数：8,528,282

	1月	2月	3月
失業率	4.1%	6.7%	5.3%

失業期間			MoM
5週間未満	2,026,959	23.8%	−3.1%
5週間から14週間	1,753,130	20.6%	−1.5%
15週間から26週間	1,529,181	17.9%	+0.2%
27週間以上	3,219,012	37.7%	+3.9%

就業者数に関する情報		MoM
フルタイム勤務者	2,127,301,363	+2.7%
パート勤務者	957,935,678	+9.6%
兼業している人	10,233,938	+13.2%
法人の個人経営者	126,578	−2.8%
個人事業主	1,719,342	+3.1%

説明してみよう！

The number of Unemployed Individuals and Unemployment Rate　失業者数と失業率

Based on the Employment Situation Summary published on **April 21, 2021** (twenty-first, twenty twenty-one), the number of unemployed individuals in **March 2021** (twenty twenty-one) was **8,528,282** (eight million five hundred (and) twenty-eight thousand two hundred (and) eighty-two). The unemployment rate has gone down to **5.3%** (five point three percent), compared to **6.7%** (six point seven percent) in February. However, it is still **1.2 percentage points** (one point two) higher than it was in January.

2021年4月21日に公表された雇用状況のまとめによると、2021年3月の失業者数は8,528,282人でした。失業率は2月の6.7%と比べて、5.3%にまで下がりました。しかし、1月に比べるとまだ1.2%高いです。

Duration of Unemployment　失業期間

In March, the number of those jobless for 27 weeks or more increased
twenty-seven
to 3,219,012, accounting for 37.7% of the total unemployed. The
three million two hundred (and) nineteen thousand (and) twelve　thirty-seven point seven percent
number has gone up by 3.9 percentage points from February.
three point nine
The number of those jobless for less than 5 weeks and those jobless
five
between 5 to 14 weeks declined by 3.1% and 1.5%, respectively.
five　fourteen　three point one percent　one point five percent

失業期間が27週間以上の人の数は3月に3,219,012人にまで上昇し、失業者全体の37.7%を占めました。その数は2月から3.9%増加しています。失業期間が5週間未満の人の数と、失業期間が5週間から14週間の人の数はそれぞれ3.1%と1.5%減少しました。

The number of people who have been jobless for less than 5 weeks was
five
2,026,959, which accounted for 23.8% of those unemployed, and
two million twenty-six thousand nine hundred (and) fifty-nine　twenty-three point eight percent
the number of people who have been jobless for 5 to 14 weeks was
five　fourteen
1,753,130, which accounted for 20.6% of those unemployed. Those
one million seven hundred (and) fifty-three thousand one hundred (and) thirty　twenty point six percent
jobless for 15 to 26 weeks has not changed much, with 1,529,181
fifteen　twenty-six　one million five hundred (and) twenty-nine thousand one hundred (and) eighty-one
people and a 0.2% increase. Those who have been jobless for 15 to
(zero) point two percent　fifteen
26 weeks account for 17.9% of the unemployed people.
twenty-six　seventeen point nine percent

失業期間が5週間未満の人の数は2,026,959人で、失業者全体の23.8%を占めました。そして、失業期間が5週間から14週間の人の数は1,753,130人で、失業者全体の20.6%を占めました。失業期間が15週間から26週間の人の数はさほど変わらず、0.2%増の1,529,181人でした。失業期間が15週間から26週間の人は失業者全体の17.9%を占めています。

Information About Job Holders

就業者に関するデータ

The number of job holders has generally increased except for self-employed workers who are incorporated. There were 126,578 (one hundred (and) twenty-six thousand five hundred (and) seventy-eight) incorporated self-employed workers in March, which was a decrease of 2.8 percentage points (two point eight) from February. On the other hand, there was a 3.1 percentage point (three point one) increase in unincorporated self-employed workers at 1,719,342 (one million seven hundred (and) nineteen thousand three hundred (and) forty-two) people. The numbers of full-time workers and part-time workers were 2,127,301,363 (two billion one hundred (and) twenty-seven million three hundred (and) one thousand three hundred (and) sixty-three) and 957,935,678 (nine hundred (and) fifty-seven million nine hundred (and) thirty-five thousand six hundred (and) seventy-eight) respectively. This represents a 2.7 percentage point (two point seven) and 9.6 percentage point (nine point six) increase respectively compared to February. 10,233,938 (ten million two hundred (and) thirty-three thousand nine hundred (and) thirty-eight) people were multiple jobholders, which was an increase of 13.2 percentage points (thirteen point two).

就業者数は個人経営者を除き、おおむね増加しました。3月の個人経営者の数は2月から2.8%減少して126,578人でした。その一方で個人事業主は1,719,342人で、3.1%増加しました。フルタイム勤務者とパート勤務者の数はそれぞれ2,127,301,363人と957,935,678人でした。これは2月と比べるとそれぞれ2.7%増、9.6%増でした。10,233,938人は兼業していて、こちらは13.2%増でした。

＊ account for ～（～を占める）

言ってみよう

Track
93

＊数字を切り捨てて、billion/millionに略して言ってみましょう。

The number of people jobless for less than 5 weeks was **2,026,959**.
two million twenty-six thousand nine hundred (and) fifty-nine

失業期間が5週間未満の人の数は2,026,959人でした。

200万人→ 2 million
two

The number of people jobless for 5 to 14 weeks was **1,753,130**.
one million seven hundred (and) fifty-three thousand one hundred (and) thirty

失業期間が5週間から14週間の人の数は1,753,130人でした。

170万人→ 1.7 million
one point seven

The number of people jobless for 15 to 26 weeks was **1,529,181**.
one million five hundred (and) twenty-nine thousand one hundred (and) eighty-one

失業期間が15週間から26週間の人の数は1,529,181人でした。

150万人→ 1.5 million
one point five

The number of people jobless for 27 weeks and over was **3,219,012**.
three million two hundred (and) nineteen thousand (and) twelve

失業期間が27週間以上の人の数は3,219,012人でした。

320万人→ 3.2 million
three point two

The number of full-time workers was **2,127,301,363**.
two billion one hundred (and) twenty-seven million three hundred (and) one thousand three hundred (and) sixty-three

フルタイム勤務の人は2,127,301,363人でした。

21億2,730万人→ 2.1 billion
two point one

The number of part-time workers was **957,935,678**.
nine hundred (and) fifty-seven million nine hundred (and) thirty-five thousand six hundred (and) seventy-eight

パート勤務の人は957,935,678人でした。

9億5,790万人→ 957.9 million
nine hundred (and) fifty-seven point nine

The number of multiple jobholders was **10,233,938**.
ten million two hundred (and) thirty-three thousand nine hundred (and) thirty-eight

兼業していた人は10,233,938人でした。

1,020万人→ 10.2 million
ten point two

The number of self-employed workers, incorporated was 126,578.
one hundred (and) twenty-six thousand five hundred (and) seventy-eight

個人経営者は126,578人でした。

10万人→0.1 million
(zero) point one

The number of self-employed workers, unincorporated was 1,719,342.
one million seven hundred (and) nineteen thousand three hundred (and) forty-two

個人事業主は1,719,342人でした。

170万人→1.7 million
one point seven

ITサポートデスクへの電話

Track 94

状況設定

Terry Woods

Employee ID: 7162061
Location: Fairfield Office
(7110 Blackhorse St.)

Model: CF-253
Serial number: SK0171-81694
Processor: i7-10810U CPU@1.10GHz 1.61
Internet speed: 40 Mbps

和訳

テリー・ウッズ

社員番号：7162061
場所：フェアフィールドオフィス
（ブラックホース通り7110番）

モデル：CF-253
シリアル番号：SK0171-81694
プロセッサー：i7-10810U CPU@1.10GHz 1.61
インターネット通信速度：40 Mbps

会話してみよう！

IT サポート担当者：Hi, how may I help you?

こんにちは。どうしましたか。

Terry Woods：I'm calling because my laptop has been extremely slow. I'd like to get it checked.

ノート型パソコン（の動き）が非常に遅くてお電話しています。確認していただきたいんですが。

IT サポート担当者：OK, may I have your name and employee ID number?

わかりました。お名前と社員番号を教えてもらえますか。

Terry Woods：I'm Terry Woods and my ID is **7162061**.
seven one six two zero six one

テリー・ウッズで、番号は7162061です。

IT サポート担当者：Thank you, Terry. Before you send it in, I need to ask you a few questions. First, have you checked the internet speed?

テリーさん、ありがとうございます。こちらに送っていただく前にいくつか質問があります。まず、インターネットの通信速度は確認しましたか。

Terry Woods：Yes, **40 megabits per second**.
forty

はい、40メガビット/秒です。

IT サポート担当者：That's not bad, so the problem isn't the internet speed. We can get your computer checked for you. We'll send you a replacement to your office. Can you tell me your model and serial number?

悪くないので、インターネットの通信速度の問題ではありませんね。パソコンをチェックして、代替機をオフィスにお送りします。モデルとシリアル番号を教えていただけますか。

Terry Woods：Yes, the model is **CF-253** and the serial number is **SK0171-81694**.
two five three
zero one seven one dash eight one six nine four

はい、モデルがCF-253でシリアル番号がSK0171-81694です。

IT サポート担当者：Thank you. Can you take a look at the device specifications and tell me about your CPU? I'll try to send you a computer with the same specifications.

ありがとうございます。スペックを見てCPUについて教えていただけますか。なるべく同じスペックのパソコンを送るようにします。

Terry Woods： It says **i7-10810U** CPU@**1.10 GHz**.
seven dash one zero eight one zero   one point one zero

i7-10810U CPU@1.10GHzと書いてあります。

ITサポート担当者： All right. Can I confirm your address?

わかりました。住所を確認させていただけますか。

Terry Woods： I'm on the **14th** floor of our Fairfield Office on
fourteenth
7110 Blackhorse Street.
seven one one zero

ブラックホース通り7110番のフェアフィールドオフィスの14階です。

ITサポート担当者： Got it. Your laptop will be on the way. You'll get it by **5:30** today.
five thirty / half past five

了解。ノート型パソコンをお送りします。今日の5:30までには届きますよ。

＊ specifications（スペック、仕様）、GHz（=gigahertz）

Column

0, 1, 2を使った表現①

英語には数字や序数を使った慣用句やことわざがたくさんあります。0, 1, 2だけを取っても、ここで紹介できる以上のものがたくさんあります。ドラマや映画などでよく出てきますので、耳にしたら覚えましょう。

zero in on ～　【～に集中する】

When she zeros in on something, she won't take any phone calls.

彼女は何かに集中しているときには、電話にまったく出ません。

square one　【出発点、初心者】

He's been watching baseball since he was young, but he's at square one in terms of skills.

彼は小さい頃から野球を見てきましたが、実力に関しては初心者です。

one of a kind　【唯一無二の、独特な】

This dress is one of a kind.

このドレスは独特ですね。

kill two birds with one stone　【一石二鳥】

This solution will let us kill two birds with one stone.

この解決策は一石二鳥です。

社内会議
（店舗数、顧客数、売り上げの報告）

Track 95

状況設定

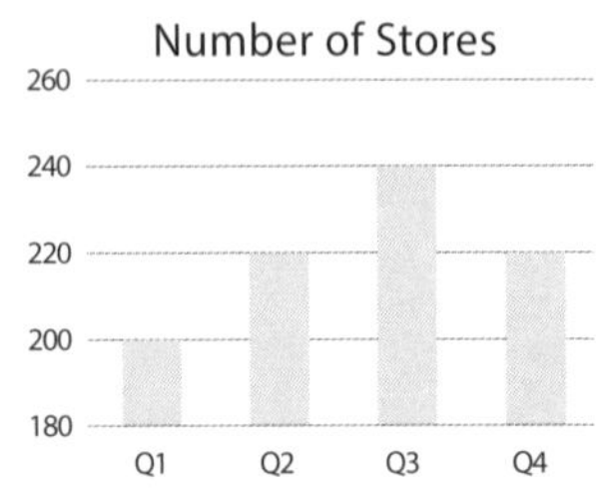

Sales Results

	Q1	Q2	Q3	Q4
Forecast	¥820MM	¥825MM	¥840MM	¥920MM
Actual	¥800MM	¥860MM	¥880MM	¥820MM
Variance (%)	−2.4%	4.2%	4.8%	−10.9%

＊ Q1 = Quarter 1（第1四半期）
＊ MM= million

和 訳

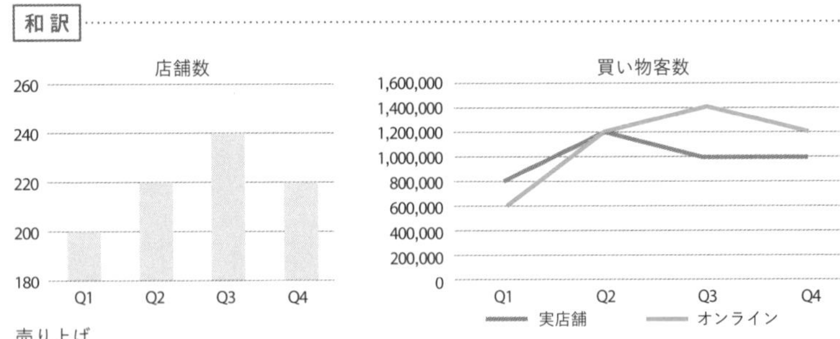

売り上げ

	第1四半期	第2四半期	第3四半期	第4四半期
見込み	8億2000万円	8億2500万円	8億4000万円	9億2000万円
実績	8億円	8億6000万円	8億8000万円	8億2000万円
差異 (%)	−2.4%	4.2%	4.8%	−10.9%

☑ 説明してみよう！

About the Number of Stores　店舗数について

We started off with 200 (two hundred) stores in Q1 (one) and increased the number of stores last year. In Q2 (two), the number increased to 220 (two hundred (and) twenty) and in Q3 (three), to 240 (two hundred (and) forty). In Q4 (four), we closed down 20 (twenty) stores and were back to 220 (two hundred (and) twenty), which is the number of stores we had in Q2 (two).

第1四半期は200店舗でしたが、去年は店舗数を増やしました。第2四半期には店舗数が220に増え、第3四半期には240店舗。第4四半期には20店舗を閉じて第2四半期と同じ220店舗に戻りました。

About the Number of Shoppers　買い物客数について

We compared the number of people who shopped at retail stores and the number of people who shopped online. In Q1 (one), there were more people who shopped at retail stores. The number of people who shopped at retail stores during Q1 (one) was 800,000 (eight hundred thousand) while the number of online shoppers was 600,000 (six hundred thousand). In Q2 (two), the number of online shoppers reached the number of retail store shoppers at 1,200,000 (one million two hundred thousand). In Q3 (three), the number of online shoppers exceeded the number of retail store shoppers. The number of shoppers were 1,400,000 (one million four hundred thousand) and 1,000,000 (one million) respectively. In Q4 (four), the number of online shoppers dropped to 1,200,000 (one million two hundred thousand) which was a 200,000 (two hundred thousand) decrease from Q3 (three). On the other hand, the number of retail store shoppers stayed the same at 1,000,000 (one million).

実店舗とオンラインで買い物をした人数を比較しました。第1四半期には実店舗で買い物をした方のほうが多い状態でした。第1四半期にはオンラインで買い物をした方の数が600,000人だったのに対して、実店舗で買い物をした方の数は800,000人でした。第2四半期にはオンラインの買い物客数が実店舗の買い物客数と並び、1,200,000人でした。第3四半期にはオンラインの買い物客数が実店舗の買い物客数を超え、それぞれ1,400,000人と1,000,000人でした。

第4四半期にはオンラインでの買い物客の数が第3四半期から200,000人減の1,200,000人となりました。その一方で、実店舗での買い物客数は1,000,000人にとどまりました。

Sales Results　売上実績について

Our sales results were close to our forecast in **Q1** (one), **Q2** (two) and **Q3** (three). In **Q1** (one), we were under the forecasted sales by **2.4%** (two point four percent) with sales of **800 million** (eight hundred) yen compared to the forecast of **820 million** (eight hundred (and) twenty) yen. In **Q2** (two), we exceeded our forecast of **825 million** (eight hundred (and) twenty-five) yen by **4.2%** (four point two percent) and had sales of **860 million** (eight hundred (and) sixty) yen. Our performance in **Q3** (three) was similar to **Q2** (two) with an upward trend in sales. Our sales were **880 million** (eight hundred (and) eighty) yen against the forecasted **840 million** (eight hundred (and) forty) yen, exceeding the forecast by **4.8%** (four point eight percent). Unfortunately, in **Q4** (four), we were short by **10.9%** (ten point nine percent) with **820 million** (eight hundred (and) twenty) yen against the forecast of **920 million** (nine hundred (and) twenty) yen.

当社の売上実績は第1四半期、第2四半期、第3四半期においてはおおむね見込み通りです。第1四半期は、8億2000万円の見込みに対して8億円の売り上げで、見込みを2.4%下回りました。第2四半期には8億2500万円の見込みを4.2%超え、8億6000万円の売り上げでした。第3四半期の実績は売り上げが伸びた点で第2四半期同様でした。8億4000万円の見込みに対して売り上げは8億8000万円で、見込みの4.8%超えでした。残念ながら、第4四半期は9億2000万円の見込みに対して8億2000万円の売り上げで、見込みを10.9%下回りました。

英数字をスラスラ言う練習が発音力のアップにつながる

「英数字をスラスラ言える・聞き取れる」こと以外の、もう１つのスキルアップとは何か。本書を使ってしっかり口を動かして、声を発する練習を行えば、「発音力」のアップにつながります。

本書で行った練習は、一番の目的である英数字の習得をしっかりサポートしながらも、同時に英語全般における発音を鍛えるための練習でもあったのです。練習用の素材として英数字を使っているものの、発音力アップが英数字に限らず英語全般の発音に及ぶことは、「会話発音の法則」で紹介した数字以外の単語や熟語の発音例を見てもわかる通りです。

コラムの中でテニスのサーブ率について触れましたが、サーブを10秒に１本のタイミングで打つ練習をするのと、5秒に１本のタイミングで打つのとでは、同じ練習時間であっても練習量には倍の開きが出ます。倍の負荷がかかるわけですから、当然上達のスピードも倍、というのは決して飛躍した考えではないはずです。

数字を使った練習は、この「5秒に１本」を可能にしてくれます。たとえば、日本語を見てそれを英語にする練習の場合、構文を考えたり単語や動詞表現などを探したりする作業、つまり「考える」という無言時間が必ず発生します。この無言のシンキングタイムは少なくとも発音を磨く、という点では練習時間にカウントされません。

一方、たとえば紹介した「2の倍数を言ってみる」などはこの余計なシンキングタイムを減らすことができるため、大量に発音練習ができます。1 (one) から10 (ten) くらいならたいていの人は知っていますし、これにもう少しだけ数の単語を覚えるだけでゆうに10万くらいまでは言えてしまいます。もちろん、「舌が回らなくなる」ことによる時間のロスはありますが、大量に練習をこなすことはこの「舌が回らない」を克服することでもあるのです。

これは発音が無意識のうちに「会話発音の法則」に沿ったネイティブ発音に近づいていくということです。また同時にネイティブ対応のリスニング力も身につくので、たとえば海外旅行で買い物をしたときに相手が言う金額をしっかり聞き取れるようにもなるのです！

もちろん、英語の数字表現をマスターしただけでは「ペラペラ話せる」とはいかないかもしれません。ですが数字に集中した練習を行うことで、「英数字にめっぽう強い」という誰にも負けない強みを１つ持つことは、他の英語スキルアップを目指す上でもきっと大きな自信につながることでしょう。

CHAPTER 8

強化トレーニング

最後の力試し！　Part 1では数字を正しく読めるか確認しましょう。Part 2では文の中に出てくる数字を正しく発音できるように意識しましょう。

Part 1

Track 96

☑ 次の表の数字を読んでみましょう。

16	60	752	8,106	61,825
428,792	1,423,927	87,252,604	525,105,792	2,094,510,423
11	-72	0.97	1.260	34.9 million
$\frac{1}{2}$	$\frac{1}{3}$	$\frac{1}{4}$	$\frac{3}{8}$	$\frac{2}{9}$
$5\frac{2}{3}$	$8\frac{1}{5}$	10%	99%	52.3%
$31.48	€159	¥7,210	£92.40	5p
25¢	year 1975	year 2002	room 861	No. 8152
area code 03	3rd	8th	71st	292nd
253.5 kg	88.9 miles	8 oz.	Jan. 3	Feb. 12
March 22	3:00	4:53	5:30	6:45

解答

sixteen	sixty	seven hundred (and) fifty-two	eight thousand one hundred (and) six	sixty-one thousand eight hundred (and) twenty-five
four hundred (and) twenty-eight thousand seven hundred (and) ninety-two	one million four hundred (and) twenty-three thousand nine hundred (and) twenty-seven	eighty-seven million two hundred (and) fifty-two thousand six hundred (and) four	five hundred (and) twenty-five million one hundred (and) five thousand seven hundred (and) ninety-two	two billion ninety-four million five hundred (and) ten thousand four hundred (and) twenty-three
eleven	negative/minus seventy-two	(zero) point nine seven	one point two six zero	thirty-four point nine million
one-half a half	one-third a third	one-quarter / a quarter one-fourth / a fourth	three-eighths	two-ninths

five and two-thirds	eight and one-fifth	ten percent	ninety-nine percent	fifty-two point three percent
thirty-one (dollars and) forty-eight (cents)	one hundred (and) fifty-nine euros	seven thousand two hundred (and) ten yen	ninety-two (pounds and) forty (pence)	five pence
twenty-five cents	year nineteen seventy-five	year twenty oh two / year two thousand (and) two	room eight sixty-one	number eight one five two
area code zero three	third	eighth	seventy-first	two hundred (and) ninety-second
two hundred (and) fifty-three point five kilograms	eighty-eight point nine miles	eight ounces	January third	February twelfth
March twenty-second	three o'clock	four fifty-three	five thirty / half past five	six forty-five / a quarter to [before] seven

Part 2

☑ 数字を使った下記の文を声に出して読んでみましょう。

Track 97

1. Call me around **3:45**.
three forty-five / a quarter to [before] four
3:45頃、電話して。

2. My number is **080-321-9876**.
zero, eight, zero, three, two, one, nine, eight, seven, six
私の電話番号は080-321-9876です。

3. Kevin only answered **58** out of **100** questions correctly on his placement test.
fifty-eight / one/a hundred
ケビンはクラス分けの試験で100問中わずか58問しか正しく答えられませんでした。

4. On our last vacation, we stayed at the Treehouse Apartment on **710** Summerfield Street.
seven ten / seven one zero
この前の休暇で私たちは710サマーフィールド通りのツリーハウスアパートに滞在しました。

5. The rate was **$90 a night** or **$600 a week**.
ninety dollars / six-hundred dollars
費用は1泊90ドル、または1週間あたり600ドルでした。

6. *Musicians Weekly* will feature a popular string **quartet** and a girl band with **9** members on this week's broadcast.
nine
今週の放送で、『ミュージシャンズ・ウィークリー』は人気の弦楽四重奏団と9人組の女性アイドルグループを取り上げます。

7. There are about **486,000** people living in this city.
four hundred (and) eighty-six thousand
この街には約48万6,000人が住んでいます。

8. Nearly **40%** of the citizens are over the age of **60**.

forty percent　sixty

市民の40%近くが60歳以上です。

9. Connect with more than **50,000** graduates through the alumni network platform.

fifty thousand

卒業生ネットワークプラットフォームを介して5万人以上の卒業生とつながりましょう。

10. You need **$2\frac{1}{2}$** cups of milk to make this milk shake.

two and a half

このミルクシェイクを作るためには牛乳2カップ半が必要です。

11. The retail price of milk is about **$3.60 per gallon**.

three (dollars and) sixty cents

牛乳の小売価格は1ガロンあたり3ドル60セントくらいです。

12. Your room is **1508** on the **15th** floor.

fifteen oh eight　fifteenth

あなたの部屋は15階の1508号室です。

13. According to the survey, **91.2%** of the customers were satisfied with the service.

ninety-one point two percent

アンケートによると91.2%の顧客がサービスに満足していました。

14. Only **$\frac{1}{4}$** of the survey participants were female.

one-quarter / a quarter

アンケート参加者のわずか4分の1が女性でした。

15. We completed the **1st** screening and have **118** candidates left.

first　one hundred (and) eighteen

1次審査を終えて、118名が残っている。

Track 98

16. If you had a **dozen** cookies and ate **3**, how many
three
are left? (Answer: **9**)
nine

もし1ダース（12枚）のクッキーがあって、3枚を食べたら、いくつ残っていますか。（答え：9つ）

17. If you buy a **$10** shirt and the tax rate is **8.75%**, your total is
ten-dollar eight point seven five percent
$10.88.
ten (dollars and) eighty-eight (cents)

10ドルのシャツを買って、税率が8.75%ならば、合計金額は10.88ドルです。

18. The population of India is over **1,300,000,000**.
one billion three hundred million

インドの人口は13億人以上です。

19. The population of India is over **1.3 billion**.
one point three

インドの人口は13億人以上です。

20. According to the United Nations, there were **195** sovereign
one hundred (and) ninety-five
states in the world in **2020**.
twenty twenty / two thousand (and) twenty

国際連合によると、2020年には195の主権国家がありました。

21. The forecast for China's GDP growth this year is **3.1%**
three point one percent
whereas the forecast for the US is **−4.3%**.
negative/minus four point three percent

今年度の中国のGDP（国内総生産）成長率予測は3.1パーセントですが、それに対してアメリカの成長率予測はマイナス4.3パーセントです。

＊ negative economic growth / negative GDP growth という表現が、経済について語る際に定着していることから、negativeで読むのが一般的。

22. You can get a **25%** off promo code when you sign up for our
twenty-five percent
email.

私たちのEメールに申し込むことで25%オフのクーポンコードを受けることができます。

23. Become a member and save up to **50%**!
fifty percent

会員になると最大50%お得！

24. The enrollment fee of $2,300 must be paid by July 20, 2021.

two thousand three hundred dollars / twentieth / twenty twenty-one / two thousand (and) twenty-one

入学金の2,300ドルは2021年7月20日までに支払われる必要があります。

25. The volunteers consisted of 481 adults, aged 21 to 30.

four hundred (and) eighty-one / twenty-one / thirty

ボランティアは481人の21歳から30歳までの成人で構成されていました。

26. Your monthly estimated payment will be $193 for a 5-year loan of $10,000 at an interest rate of 5.95%.

one hundred (and) ninety-three dollars / five / ten thousand dollars / five point nine five percent

1万ドルの5年ローンで利率が5.95%だと、あなたの月額返済額は193ドルになります。

27. Thank you for contacting our support desk. Your reference number is 046701536.

zero four six seven zero one five three six

サポートデスクにご連絡いただきありがとうございました。あなたの照会番号は046701536です。

28. Let's split the bill among the three of us. Let's see... $\frac{1}{3}$ of $144.63 is $48.21.

one-third / one hundred (and) forty-four (dollars and) sixty-three (cents) / forty-eight (dollars and) twenty-one (cents)

私たち3人で割り勘にしましょう。ええと…144ドル63セントの3分の1は48ドル21セントです。

29. Your online lesson package (receipt number: 2158053426) has 8 lessons left. You have 30 days to complete your lessons.

two one five eight zero five three four two six / eight / thirty

あなたのオンラインレッスンパッケージ（受付番号2158053426）は8レッスン残っています。レッスンを終えるまで30日あります。

30. Here's a list of the top 3 items women want for Christmas; footwear ranked 1st, cosmetics 2nd, and tech gifts ranked 3rd.

three / first / second / third

これは女性がクリスマスにほしいものトップ3の一覧です。1位に入ったのは靴、2位はメイク用品、そしてハイテク用品のギフトが3位でした。

Track 99

31. Don't miss your chance to save up to **75%** (seventy-five percent) at the Winter Clearance Event at all stores!

すべての店舗で最大75%お得な冬のクリアランスセールをお見逃しなく！

32. The report indicates that the employee turnover rate in the tech sector stands at **15.1%** (fifteen point one percent).

その報告書は、IT業界での離職率は15.1%の状況だということを示しています。

＊ turnover rate（離職率）、stand at ～（～を示す）

33. For this language test, the AI presents a total of **30** (thirty) items in **5** (five) separate sections to each test-taker to assess their level.

この言語能力試験では、個人のレベルを評価するために１人ひとりに対して AI（人口知能）が合計30問を５つの異なる分野で出題します。

34. Scores are reported in the range from **200 to 600** (two hundred / six hundred).

点数は200点から600点の範囲で示されます。

35. The validation study involved **6,211** (six thousand two hundred (and) eleven) English language learners with a female to male ratio of **60:40** (sixty to forty).

検証試験には6,211人の英語学習者が参加し、女性対男性の比率が60対40でした。

＊ validation（検証）

36. Over **50** (fifty) different countries were represented in the international event with around **30,000** (thirty thousand) visitors.

その国際的なイベントには50か国以上から約3万人の訪問者が参加しました。

37. This cup can hold **16 ounces** (sixteen) of coffee.

このカップには16オンスのコーヒーを入れることができます。

38. Our city is located **35 miles** east of downtown Los Angeles,
thirty-five
and is about **1** hour away from Los Angeles International
one/an
Airport.

私たちの街はロサンゼルスの中心部から35マイル東で、ロサンゼルス国際空港から約1時間離れています。

39. **62%** of undergraduate students at ABC University conduct
sixty-two percent
research with faculty, with more than **500** students
five hundred
participating in the **annual** Research Conference each summer.

ABC大学では62%の学部生が教員と研究に取り組み、500人以上の学生が毎年夏、年次研究カンファレンスに参加しています。

＊ faculty（職員）

40. That basketball player is **6 feet 2 inches** tall, which is almost
six two
2 meters tall!
two

あのバスケットボール選手は6フィート2インチ、つまり2メートル近い背の高さです！

41. The correlation between the AI and human-generated scores when grading the students' test was **0.97**.
(zero) point nine seven

生徒のテストを評価したAI（人工知能）と人間のスコアの相関は0.97でした。（意訳：生徒のテストを評価したAIの評価と人間の評価はほぼ一致しました）

＊ correlation（相関）

42. It was **−10℃** in Chicago yesterday.
ten (degrees) below zero / minus ten degrees / negative ten degrees (Celsius)

昨日はシカゴでマイナス10度でした。

Track 100

43. Russia is the largest country covering about $\frac{1}{8}$ (one-eighth) of the world's land, stretching across approximately **17,098,000 km²** (seventeen million (and) ninety-eight thousand square kilometers) or **6,601,000 mi²** (six million six hundred (and) one thousand square miles).

ロシアは世界の土地の8分の1程度を占める世界最大の国で、約17,098,000平方キロメートル、または約6,601,000平方マイルに広がっています。

44. The address of our office is **1931** (one, nine, three, one / nineteen thirty-one) **82nd** (eighty-second) Street.

弊社の住所は82番通りの1931番です。

45. **March 20** (twentieth) was a holiday, but I had nothing special planned, so I went to buy some **second-hand** clothes.

3月20日は祝日でしたが、特別なことは何も予定していなかったので、古着を買いにいきました。

46. The latest version of our software is **3.2.1** (three point two point one).

弊社のソフトウェアの最新版は3.2.1です。

47. We'll have an online seminar tomorrow at **12:00 P.M.** (twelve) (noon) Eastern time, **9:00 A.M.** (nine) Pacific time. That's **2:00 A.M.** (two) JST.

私たちは明日、東部標準時午後12時（正午）、太平洋標準時午前9時にオンラインセミナーを行います。これは日本時間の午前2時です。

＊ JST = Japan Standard Time

48. **2 miles** (two) is approximately **3.2 kilometers** (three point two).

2マイルは約3.2キロメートルです。

49. Our dinner was **€120** (one hundred (and) twenty euros). When I checked the credit card bill, I realized I was charged over **¥16,000** (sixteen thousand yen).

夕食は120ユーロでした。クレジットカードの請求を確認したら、1万6,000円以上請求されていたことに気づきました。

50. The Tokyo Metropolitan Government is located on the geographic coordinates of 35°N and 139°E.

thirty-five degrees north　one hundred (and) thirty-nine degrees east

東京都庁は地理座標上では北緯35度、東経139度に位置します。

Column 0, 1, 2を使った表現②

two cents　【意見】

（意見を述べた後に）That was just my two cents.

以上、私のつまらない意見でした。

＊justを入れることで「たいしたことのない」「つまらない」といった謙遜表現になります。

two of a kind / two peas in a pod　【似たもの同士、そっくり】

We're two of a kind. 私たち、似た者同士ですね。

They're two peas in a pod. あの2人はそっくりだよ。

of two minds / have second thoughts　【決めかねている、考え直している】

I'm of two minds about accepting the job offer. 私は内定を受諾するか決めかねています。

I'm having second thoughts about moving out of Chicago. シカゴから引っ越すことについて考え直しています。

＊in two mindsも同じ意味です。

first things first　【はじめに、重要なことから始めよう】

First things first, please take a look at this dataset.

はじめに、この（重要な）データを見てください。

second to none　【敵う人はいない、並ぶものはいない】

When it comes to ballet, he is second to none.

バレエに関しては彼に敵うものはいません。

おわりに

いかがでしたでしょうか。本書を通して、数字にまつわるルールを学ぶとともに、数字がスラスラ言える・聞き取れる練習ができたと思います。ただ読み上げるだけでは物足りなくなってきたら、日本語を見ながら、英語で言う練習をするといいでしょう。たとえばChapter 7の和訳を見ながら、英語で説明してみてください。スラスラと情報を英語にできますか。ボイスレコーダーで自分の声を録音し、その後、ダウンロードした音声ファイルと聴き比べてください。自分の言ったことが正しかったか、発音とイントネーションが適切だったかを確認すると確実に力がつきます。このように、様々な方法で本書を使い込んでいただけると嬉しいです。

本書で基本的なルールを学び、スラスラ言えるようになった方は、映画や旅先、ビジネス現場などで使われている数字にもぜひ耳を傾けてください。場面によってのみならず、話している人によって言い方のバリエーションがあるかもしれません。数字は奥が深いです。生きた英語を聞きながら今後、より一層ご自身の英語力に磨きをかけてくださいね。

著者略歴

北浦尚彦(きたうら・なおひこ)

1972年東京生まれ。上智大学外国語学部卒。

英語講師、国際コンベンション・コーディネーターなどを経て、現在は海外政府系の貿易関係機関に勤務。

著書に「『ジョジョの奇妙な冒険』で英語を学ぶッ!」「『ジョジョの奇妙な冒険』で英語をもっと学ぶッ!!」(集英社)などがある。

江藤友佳(えとう・ゆか)

アメリカ・ロサンゼルスで育つ。クレアモントマッケナ大学卒業後、コロンビア大学大学院Teachers College修士号取得(英語教授法)。

大学卒業後、外資系コンサルティングファームに入社し、コンサルタントとしてデータをまとめて数字を発表する日々を過ごす。その後、大学院で英語教育を専門的に学びながら、研修業界で英語指導経験を積む。楽天株式会社に転職し、社内公用語の英語化プロジェクトの教務責任者を経て独立。現在はY.E.Dインターナショナル合同会社代表として、英語でのビジネス実務経験と英語指導経験の両方を活かした教材制作、企業研修、英語教室運営、アドバイザリーサービスを提供している。

著書に『ロジカルに伝わる　英語プレゼンテーション』がある。

英語(えいご)の数字(すうじ)ルールブック

2021年 5月 1日　第1刷発行

著者　北浦尚彦、江藤友佳

発行者　小野田幸子

発行　株式会社クロスメディア・ランゲージ

〒151-0051 東京都渋谷区千駄ヶ谷四丁目20番3号

東栄神宮外苑ビル　https://www.cm-language.co.jp

■本の内容に関するお問い合わせ先

TEL (03)6804-2775　FAX (03)5413-3141

CrossMedia LANGUAGE

発売　株式会社インプレス

〒101-0051 東京都千代田区神田神保町一丁目105番地

■乱丁本・落丁本などのお問い合わせ先

TEL (03)6837-5016　FAX (03)6837-5023　service@impress.co.jp

(受付時間　10:00-12:00、13:00-17:30　土日、祝日を除く)

古書店で購入されたものについてはお取り替えできません。

■書店／販売店のご注文受付

インプレス　受注センター　TEL (048) 449-8040　FAX (048) 449-8041

インプレス　出版営業部　TEL (03) 6837-4635

カバーデザイン　竹内雄二

本文デザイン　木戸麻実、都井美穂子

DTP　株式会社ニッタプリントサービス

編集協力　髙橋知里、久保田怜奈

校正　白石智寛、余田志保、松永祐里奈、長沼陽香

英文校正　Colleen Sheils, Paul Burke, Justin Matthews

ナレーション　Katie Adler, Josh Keller

営業　秋元理志

録音・編集　株式会社巧芸創作

印刷・製本　中央精版印刷株式会社

ISBN 978-4-295-40542-9 C2082